KB036698

직장인의 돈공부

은행에서 시작하는 첫 재테크
직장인의 돈공부

초판 1쇄 인쇄 2020년 1월 25일
초판 2쇄 발행 2022년 7월 29일

지은이 박철

펴낸이 김남전
편집장 유다형 | 기획편집 이경은 | 디자인 양란희
마케팅 정상원 한웅 정용민 김건우 | 경영관리 임종열 김다운

펴낸곳 ㈜가나문화콘텐츠 | 출판 등록 2002년 2월 15일 제10-2308호
주소 경기도 고양시 덕양구 호원길 3-2
전화 02-717-5494(편집부) 02-332-7755(관리부) | 팩스 02-324-9944
포스트 post.naver.com/ganapub1 | 페이스북 facebook.com/ganapub1
인스타그램 instagram.com/ganapub1

ISBN 978-89-5736-044-6 03320

※ 책값은 뒤표지에 표시되어 있습니다.
※ 이 책의 내용을 재사용하려면 반드시 저작권자와 ㈜가나문화콘텐츠의 동의를 얻어야 합니다.
※ 잘못된 책은 구입하신 서점에서 바꾸어 드립니다.
※ '가나출판사'는 ㈜가나문화콘텐츠의 출판 브랜드입니다.

※ 이 도서의 국립중앙도서관 출판시도서목록(CIP)은 서지정보유통지원시스템 홈페이지(http://seoji.nl.go.kr)와
국가자료공동목록시스템(http://www.nl.go.kr/kolisnet)에서 이용하실 수 있습니다.
(CIP제어번호: CIP2020000186)

가나출판사는 당신의 소중한 투고 원고를 기다립니다. 책 출간에 대한 기획이나 원고가 있으신 분은 이메일
ganapub@naver.com으로 보내 주세요.

은행에서
시작하는
첫 재테크

직장인의 돈 공부

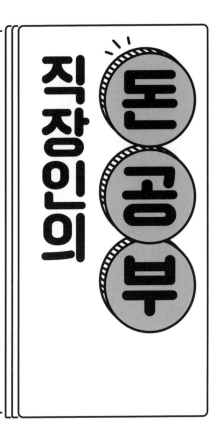

박철 지음

가나

차례

1장 •••
돈과 첫 만남

2장 •••
은행에서 돈 공부를 시작합니다

3장 •••
은행에서 재테크 시작하기

4장 •••
대출 잘 받는 것도 재테크다

5장 •••
은행에서 내 재산 불리기

맺음말

은행에서 월급통장 하나로
시작하는 돈 공부

초등학교도 입학하기 전이었다. 엄마의 손에 이끌려 들어간 그곳
은 많은 사람들로 북적였다. 중간 중간 들리는 직원의 '고객님!' 하
는 목소리는 유독 활기차게 느껴졌다. 자기 차례가 된 사람은 돈을
꼭 쥐고 가벼운 발걸음으로 창구로 나갔다.

내가 기억하는 은행의 첫 모습이다. 처음으로 내 통장을 만들
고 '저금'이라는 단어를 배운 곳. 깔끔하게 뒤로 묶은 머리의 은행
원 누나는 어린 나의 눈에 똑부러지는 선생님처럼 보였다.

내 생애 첫 통장에 천 원을 입금해주며 엄마는 돈이 생길 때마

8

다 꾸준히 저금하라고 하셨다. 엄마의 말 때문인지 혹은 은행원 누나의 선명한 이미지 때문인지 나는 100원, 500원씩 돈이 생길 때마다 은행에 찾아가서 떨리는 목소리로 입금을 요청하곤 했다.

처음에는 호기심으로 은행에 찾아갔지만 통장에 찍히는 숫자가 점점 커지고, 모인 돈의 단위가 9천 원에서 1만 원으로 바뀌는 순간 왠지 모를 짜릿함이 느껴졌다. 그 다음부터는 돈을 더 많이 모으고 싶은 욕심이 생겼다. 부모님의 심부름을 하고 남는 잔돈, 친척 분들이 쥐어주시는 용돈과 술 취한 아빠가 잘못 주신 만 원짜리 지폐도 어김없이 통장으로 입금되었다.

시간이 지나 중학교를 거쳐 고등학교 때는 차츰 은행과 거리가 멀어졌다. 대학생이 되고, 성인이 되고 나서도 부모님이 보내주신 용돈을 출금할 때 외에는 은행과의 인연이 거의 없었다.

그런 내가 은행에서 15년 넘게 일하고 있다. 한없이 신비롭게 보였던 은행원들은 어느덧 동료가 되어 있고, 직원 전용 통로를 마음대로 이용하고 있으며, 창구 밖이 아니라 창구 안에 앉아 고객을 응대하고 있다. 가끔 어린 자녀를 이끌고 은행에 오시는 분들을 볼 때면 내 어린 시절 좋은 기억으로 남아 있는 은행의 이미지를 똑같이 느꼈으면 하는 생각을 한다.

은행은 우리와 가장 가깝고 문턱이 낮은 금융기관이다. 조금만 알면 나의 개인 자산 관리사처럼, 투자 자문가처럼, 경제 선생

님처럼 적극적으로 이용할 수 있다. 하지만 은행에 찾아오는 고객들은 창구 너머에 있는 은행원을 불편하게 여기는 것 같다. 금융상품에 대한 정보를 드리려 해도 한 발 물러나 도망치듯 문을 나선다. 여러 가지 이유가 있겠지만, 은행원들이 사용하는 용어는 어려운데다 숫자는 복잡하고. 무엇보다 '은행이 나에게 상품을 팔고 이익을 취하려는 의도가 있는 것은 아닐까?' 의심되기 때문일 것이다.

현직 은행원으로서 가장 안타까운 부분은 소중한 돈을 맡기는 고객들이 은행의 서비스를 제대로 누리지 못하는 점이다. 은행에 발을 들이는 모든 사람에게 은행은 적극적으로 정보와 서비스를 제공할 의무가 있으며, 고객은 이 모든 것을 누릴 권리가 있다.

이 책은 은행을 적극적으로 이용하고 싶지만 어려워서 중도에 포기하거나, 관심이 없어서 제대로 이용하지 못한 이들을 위해 썼다. 특히 막 사회 생활을 시작한 사회 초년생, 돈과 경제에 대해 알고 싶지만 시간이 없어 매번 다음 기회로 미뤄야 했던 바쁜 직장인들이 가장 가까운 금융기관인 은행에서 직접 자신의 돈을 운용하며 돈 모으는 재미를 느낄 수 있었으면 한다.

또 은행에 대한 근거 없는 오해와 편견을 지울 수 있도록 금융기관에 대한 객관적인 정보도 풍부하게 담았다. 지식이 없어도 누구나 쉽게 읽고 이해할 수 있도록 최대한 쉬운 언어로 현장에서 상담하듯이 풀어 쓰되, 실전 투자에 바로 적용할 수 있게 상세히 내용을 담으려고 노력했다.

학생이나 처음 돈을 모아보겠다고 결심한 젊은 직장인, 아직 은행 거래에 익숙하지 않은 일반인들을 포함하여 조금 더 다양한 금융상품을 섭렵하고 싶은 적극적인 금융 소비자들에게도 이 책이 유용하게 쓰였으면 좋겠다.

저자 박철

1장

돈과 첫 만남

왜 은행만 가면
긴장될까요?

"문맹은 생활을 불편하게 할 뿐이지만, 금융문맹은 생존이 불가능하게 한다."

전 FRB(연방준비제도) 의장 앨런 그린스펀(Alan Greenspan)이 금융 교육의 중요성을 강조한 말이다. 선진국에서는 2008년 글로벌 금융위기 이후 금융문맹을 퇴치하기 위해 공을 들이고 있다. 미국은 50개 주에서 경제교육을 표준 교육 과정에 포함시켰고, 영국은 2014년부터 중고교 금융교육을 의무화했다. 캐나다도 2004년부터 초·중·고교에서 금융교육을 의무적으로 실시하고 있다. 하지만 우리나라는 아직 체계적인 교육이 이루어지지 않고 있다.

한국은행과 금융감독원이 발표한 '2018 전 국민 금융이해력 조사결과'에 따르면 우리나라 성인의 금융이해력 점수는 62.2점으로 OECD 평균(2015년 64.9점)에 미치지 못한다. 소비자가 금융상품이나 서비스를 비교하고 적절한 금융의사결정을 내리는 데 필요한 금융지식(Financial Knowledge) 점수는 65.7점으로 OECD 평균(2015년 69.1점)보다 크게 뒤쳐져 있다.

많은 사람들이 금융에 익숙하지 않기에 은행에 가면 유독 긴장하고 불편함을 느낀다. 이러한 고객들의 불편함을 개선하기 위해 2013년 이후 은행에서는 관행적으로 써온 어려운 금융용어를 쉽게 바꾸고 각종 상품안내장, 상품설명서, 약관 등을 단순화해 고객의 눈높이에 맞추는 노력을 계속하고 있다. 그럼에도 불구하고 일반인들에게 은행 용어는 여전히 낯설게 느껴진다.

은권 씨는 노트북을 사기 위해 근처 전자제품 매장을 찾았다. 천천히 모델을 구경하고 싶은데 아까부터 뒤에서 전문 용어를 써가며 상품의 기능을 설명하는 직원이 신경 쓰인다. 세련된 외모에 친절한 말투임에도 자꾸 사라고 강요하는 것 같아 눈치가 보였다. 결국 은권 씨는 불편함을 참지 못하고 서둘러 매장을 빠져나왔다.

은행에서도 비슷한 경험을 해봤을 것이다. 분명 은행원은 좋은 의도로 상품을 설명하는 것 같은데, 왠지 가입을 종용하는 것 같아서 반감이 생기는 경우 말이다. 특히 나에게 필요하지 않을 것 같은 상품을 계속 권유하는 은행원을 만날 때면 참 불편하다.

은행은 공공기관이 아닌 이윤을 추구하는 주식회사이다. 주식회사인 은행 안에서 일하는 은행원이 회사 이익을 위해 고객들에게 상품을 권유하는 것은 어쩌면 너무나 당연한 것이다. 반면, 당당히 거절하는 것은 고객들의 권리이다. 관심이 없다거나 확인 후에 가입하겠다고 단호하게 말하면 더 이상 불필요한 가입 권유는 하지 않을 것이다. 도를 넘는 상품 권유라고 생각하면 불편하게 생각하지 말고 거절하자.

숫자도 어려운데
상품명은 무슨 뜻인지도 모르겠고

한편 숫자 그 자체 때문에 은행이 편하지 않게 느껴질 수 있다. 사람들은 보통 숫자로 의사소통하는 것을 어려워한다. 하지만 은행 업무는 처음부터 끝까지 모두 숫자로 이뤄졌다고 해도 과언이 아니다. 가입금액부터 만기 금액, 입금 금액, 찾을 금액 등 모든 것이 숫자다. 작은 실수가 큰 손실로 이어질 수 있기에 행여 0이라도 하나 더 붙이거나 덜 붙인 건 아닌지, 날짜를 잘못 적은 것은 아닌지 몇 번씩 확인한다. 그런데 어렵게 숫자로 쓴 것들을 때로는 한글로 풀어 써야 한다. 대출 금액이나 근저당권 설정 금액, 이체한도 등을 자필로 풀어 쓰는 그 짧은 시간이 그렇게 어색할 수가 없다.

어려운 용어도 은행이 불편한 이유 중 하나다. 은행원이 나름 열심히 설명한 뒤 "고객님, 이해되시죠?"라고 물었을 때, 막상 더 묻고 싶어도 괜히 민망해서 꾹 참은 기억이 다들 한 번은 있을 것이다. 짧은 단어에 금융상품의 의미를 모두 담으려면 어쩔 수 없이 영문 약자나 전문 용어를 쓸 수도 있지만, 일반적으로 쓰이지 않는, 지나치게 생소한 금융용어가 너무 많다. 특히 보험 상품은 '명시되지 않은 것은 약관을 참조하시오.' 라고 적어 놓고, 약관의 내용은 도무지 이해하기 어렵게 적어 놓은 경우가 많다.

금융용어는 누구에게나 어렵다. 은행원이나 경제 전문가도 따로 시간을 내어 공부하지 않으면 모를 정도로 매일 수많은 정보가 업데이트된다. 기본적인 용어 자체가 이해되지 않은 상태에서 단지 은행원의 권유로 상품을 가입해서는 안 된다. 상품에 가입하면서 잘 이해되지 않는 부분이 있으면 은행원에게 당당하게 물어보자.

앨런 그린스펀이 경고하듯 금융에 대해 알지 못하는 것은 우리 생사가 달린 중요한 문제다. 바쁘다는 이유로 금융에 관심을 두지 않는 것은 건강을 살피지 않는 것과 같다.

일상이 너무 바쁜 당신께 최소한 인터넷 즐겨찾기에 은행 홈페이지 하나쯤은 등록해두거나 스마트폰 초기 화면에 은행 어플리케이션을 설치해서 자주 접속이라도 하기를 권한다. 요즘 은행 어플리케이션에는 상품을 알기 쉬운 용어로 안내하고 있을 뿐 아니라 다양한 재테크 정보와 금융트렌드 전반에 관한 뉴스도 제공하고 있어서 금융에 익숙해지는 데 큰 도움이 된다.

가는 말이 고우면
돈이 생긴다?

은행원 김 과장은 고객과 한참 실랑이 중이다. 신분증을 요청했지만 고객은 도서관 대출증을 내보이면서 주민등록증은 집에 놓고 왔으니 오늘만 그냥 해주면 안 되냐고 화를 낸다.

수차례 같은 말을 반복한 뒤에야 고객은 일어섰다. 그는 은행원이 벼슬이라도 되냐며 책상을 힘껏 치며 뒤돌아선다. 이건 분명히 김 과장 들으라고 하는 말이다. 당황스럽지만 다음 고객들이 기다리고 있어 뭐라 대꾸할 겨를도 없다. 가까스로 감정을 추스르며 다음 번호를 호출한다.

"21번 고객님."

50대 중반으로 보이는 고객이 김 과장 앞에 앉는다. 통장을 쥐고 자리에 앉아 가만히 김 과장의 얼굴을 보던 고객이 한마디 한다.

"인상이 참 좋으시네요."

아무렇지 않은 듯 자신을 호출한 김 과장이 안쓰러워 위로의 인사를 건넨 걸까. 하지만 김 과장은 상담하는 내내 인상이 좋다는 칭찬이 뇌리에서 떠나지 않았다. 방금 전 큰소리를 치던 고객은 어느덧 잊고 있었다. 말 한마디의 힘이 참 크다는 걸 느끼는 하루였다.

세상이 점점 더 팍팍해지는 것 같다. 낯선 사람에게 먼저 인사하는 것도 사치로 여겨지고, 누구든 내 영역을 침범한다고 여겨지면 바로 거친 말이 나간다. 하물며 현대인들에게 가장 민감한 '돈'이 오가는 은행에서야 두말 할 필요가 없을 것이다.

높은 연봉에 비해 생산성이 낮다며 비난받고, 인공지능으로 인해 사라질 직업 1위로 꼽히는 은행원을 바라보는 고객들의 눈은 더 매서워졌다. 은행원을 나의 돈을 관리해주는 파트너보다는, 감시해야 할 대상으로 여기는 고객들을 대할 때면 은행원들은 알게 모르게 많은 상처를 받는다. 이렇게 감정적으로 지쳐 있을 때 고객으로부터 '수고하신다.'라는 의례적인 인사 한마디라도 받을 때면 그 반가운 마음을 이루 헤아릴 수 없다.

책의 첫머리에서 고작 알려주는 게 '은행원에게 먼저 인사하자.'는 것이라서 실망할 수도 있겠다. 하지만 '꼭 한 번 해보시라.' 고 권하고 싶다. 분명 직원의 응대 태도가 다를 것이다.

아는 사람만 누리는 서비스, 창구전결권

대부분의 은행에서 '창구전결권'이라는 것을 운영한다. 창구 전결권은 창구 직원에게 주어지는 권한으로, 정해진 기준보다 더 좋은 조건으로 고객에게 금융 서비스를 제공할 수 있는 제도다.

이 제도를 통해 은행원은 업무 기준을 벗어나지 않는 수준에 서 고객에게 혜택을 줄 수 있는데, 예를 들면 신규 대출 고객에게 일반 금리보다 낮은 금리 적용, 신규 예금 고객에게 기본 금리보 다 높은 우대 금리 적용, 환전 고객에게 우대 환율 적용, 제신고 업무 시 수수료 감면 등이다. 이 외에도 창구에서 일어나는 거의 모든 업무가 창구전결권의 영향을 받는다 해도 과언이 아니다. 중요한 것은 이러한 창구전결권이 모든 고객에게 동일하게 적용 되는 것이 아니라, 직원의 판단에 의해 적용된다는 것이다.

그렇다면 정해진 기준보다 더욱 유리한 조건으로 은행 혜택을 받을 수 있는 고객은 누굴까. 아무래도 목에 힘주고 큰소리치며 본인 이야기만 하는 고객보다는 먼저 손을 내밀고 소통하려는 고객이 아닐까?

은행원 김 과장은 21번 고객에게 거래에 대한 감사함을 표현하고, 앞으로도 계속 거래해달라는 의미에서 최대한 우대 금리를 적용했을 것이다. 여기에는 자신의 마음을 어루만져 준 따뜻한 고객의 미소도 한몫 했을 테고 말이다.

은행원의 "어서 오세요." 인사에 답하는 짧은 한 마디, 미소 짓는 표정 한 번이 더 좋은 관계를 만든다. 각박한 세상이지만 서로를 존중하고 웃을 수 있는 여유가 생겼으면 좋겠다.

새 통장을 만들 때
필요한 것들

"안녕하세요. 통장을 만들고 싶은데요."

"고객님, 어떤 목적으로 통장을 만드시나요?"

"그…냥 일반 통장이요. 월급통장으로 쓰려고요."

은권 씨는 '목적'이란 예상치 못한 단어에 말끝이 흐려진다.

"네, 월급통장을 만드시는군요. 재직증명서나 급여명세표 준비하셨나요?"

"아니오. 신분증만 가져 왔는데요."

"대포통장의 피해를 막기 위해 월급통장을 만드실 경우 재직증명서나 급여명세표가 필요합니다."

은권 씨는 통장을 만들 때 신분증만 있으면 된다고 알고 있었다. 이미 점심시간이 끝날 무렵이라 회사로 돌아가 재직증명서를 가져오기에는 턱없이 부족한 시간이다. 내일 다시 은행에 올 생각에 벌써부터 짜증이 밀려왔다.

통장을 만들 때 필요한 서류를 미리 확인하지 않고 은행에 간다면 은권 씨와 같은 경험을 하게 될 것이다. 은권 씨가 아는 것처럼 예전에는 신분증만 있으면 통장을 만들 수 있었다. 하지만 2015년 이후 대포통장의 폐해를 원천적으로 방지하기 위해 '통장 개설목적 확인제도'가 실시되고 있다. 그래서 지금은 어느 은행이든 통장 개설 목적을 객관적으로 증빙할 수 있는 서류를 제출해야만 통장을 만들 수 있다.

왜 통장을 쉽게 안 만들어주죠?

대포통장*을 이용한 금융 범죄, 보이스피싱 등은 나와 상관없다고 생각할 수도 있다. 이미 많이 알려진 사기 수법이라 '아직도

* 대포통장을 양도한 경우 2천만 원 이하 벌금 또는 3년 이하의 징역형에 처한다.

당하는 사람이 있나?'하는 사람도 있을 것이다. 하지만 금융감독원에 따르면 2018년 보이스피싱 피해액은 4천 440억 원으로 역대 최고 수준을 기록했다. 사기에 이용되는 계좌는 6만 933개로 2017년(4만 5천 494개) 대비 33.9%나 증가한 수치이다. 실제로 은행 현장에 있으면 잠시 방심한 사이에 사기당한 고객들의 안타까운 사연을 자주 본다. 이러한 금융 사기에 흔히 쓰이는 수법이 '대포통장'이다. 대포통장은 실제 소유주가 아닌 다른 사람이 범죄에 이용하는 통장을 말하는데, 통장 개설목적 확인제도는 이러한 대포통장 사용을 사전에 막기 위한 것이다. 이 제도를 시행하기 전에 입출금통장 개설은 간단한 업무였다. 하지만 지금은 증빙서류를 요청하고, 진위 여부도 별도로 확인해야 하며 기타 추가 동의서도 받아야 하기 때문에 꽤 오랜 시간이 걸린다.

일반인이 통장을 만드는 목적은 대부분 다음 8가지 안에 속할 것이다. 목적에 따른 증빙 서류를 미리 확인하여 은권 씨처럼 두 번 걸음하는 일이 없도록 하자.

1. 급여통장

- 회사에 근무하고 있다는 사실을 증빙할 수 있는 재직증명서
- 급여를 받았다는 것을 증빙할 수 있는 급여명세표, 원천징수영수증

참고 은행에서 확인을 위해 근무처에 전화 또는 방문하는 경우도 있다.

2. 공과금 이체

공과금 납입을 증명할 수 있는 영수증이나 명세서

> **참고** 공과금 이체 목적으로 통장을 만들 경우, 대부분 은행에서 출금할 수 있는 한도가 일정 금액 이하로 제한되는 계좌로 개설해 준다. 추후 일정 기간 동안 공과금 자동이체가 진행되면 일반 계좌로 변경할 수 있다.

3. 사업자 통장

사업자등록증, 재무제표, 세금계산서, 물품계약서, 납세증명서

4. 아르바이트 계좌

고용주의 사업자등록증과 급여명세표 또는 근로계약서

5. 모임 계좌

모임의 회칙이나 구성원 명부 등 모임 입증 서류

6. 아파트 관리비 계좌

관리비 영수증

7. 연구비 통장

연구비 계약서, 지급 단체 증명서 또는 사업자등록증

8. 대학교 재학생

학생증 또는 재학증명서

증빙 자료를
준비하기 어려운 상황이라면?

급하게 통장을 만들어야 하는데 증빙 자료를 준비하지 못했다면 예외적으로 '금융거래 한도계좌'를 만들 수 있다. 금융거래 한도계좌는 말 그대로 돈을 출금하거나 이체할 때 금액 제한이 있는 입출금 통장이다. 하루에 출금하거나 이체할 수 있는 한도가 은행 창구를 이용할 경우 100만 원, 자동화기기(ATM) 및 전자금융거래(인터넷뱅킹, 모바일뱅킹 등)의 경우 30만 원으로 제한된다. 일반적인 입출금 통장 기능은 모두 갖고 있으므로 신규계좌 개설 시 별도의 증빙서류 제출이 어려운 주부나 학생 또는 무직자, 은퇴자들이 이 제도를 이용할 수 있다.

은행 창구에서는 여전히 "내가 내 통장 만드는데 무슨 증빙서류가 필요하냐?"고 소리를 높이는 분들이 있다. 금융 사기와 대포통장을 줄이자는 취지를 설명하면 이해해주시는 분들도 있지만, '나를 사기꾼으로 모는 거냐?'며 화를 내기도 한다. 그럴 때면 은행원들은 이 제도에 대한 회의감이 든다.

에초에 '통장 개설목적 확인제도'를 시행하는 목적은 고객을 보호하기 위함인데 정작 일반 고객들은 지나치게 불편함을 느끼고 있다. 심지어 '통장 고시(考試)'라는 웃지 못할 신조어가 생길 정도이다. 대포통장 적발 시 처벌을 더 강화하거나, 고객의 거래 실적에 따라 한도 금액을 세분화하거나, 정상계좌로 자동 전환하는 제도 등 고객의 편의를 증대할 수 있는 방안이 지속적으로 나오길 기대한다.

은행은 무엇으로
먹고사는가

드디어 월급통장을 만든 은권 씨. 책상 위에 놓인 통장만 봐도 절로 웃음이 난다. 비록 잔액은 통장을 만들면서 넣어둔 1만 원 뿐이지만, 월급이 모이고 돈이 차곡차곡 쌓일 상상을 하면 기분이 좋아진다. 마치 이미 부자가 된 듯한 기분에 빠져 있는데 초등학생 조카가 방문을 열고 들어온다.

"삼촌 뭐 해?"

"통장 보고 있어. 은행에서 새로 만들었거든."

"은행이 뭐야?

"사람들이 돈을 모아두는 곳이지."

"모아서 뭘 하는데?"

"으응? 그, 그건 말이야…."

은권 씨도 그동안 은행에 입금하는 것만 생각했지 입금한 돈을 은행이 어떻게 하는지는 생각해 본 적이 없다. 더구나 예금이 만기될 때마다 고객에게 원금과 더불어 예금이자를 꼬박꼬박 챙겨주는데, 은행은 어디에서 돈을 벌어 이자를 주는지 정확히 이해가 되지 않았다.

대부분 사람들은 돈이 생기면 은행에 예금을 한다. 이자를 받기 위해서 또는 안전하게 보관하기 위해서 말이다. 그런데 왜 은행에서는 개인의 돈을 맡아주고 여기에 더해 이자까지 줄까?

먼저, '이자'라는 단어의 뜻을 국어사전에서 찾아보자.

이자(利子) = 남에게 돈을 빌려 쓴 대가로 치르는 일정한 비율의 돈

이자는 돈을 빌린 사람이 빌려준 사람에게 주는 일종의 수수료다. 우리는 예금을 하고 은행으로부터 이자를 받는데, 그렇다면 은행이 내 돈을 빌려간다는 말인가?

은행은 고객이 예금한 돈을 모았다가 필요한 사람에게 대출을 해준다. 이때 은행 입장에서는 예금한 돈을 잠시 빌려 쓰는 셈이기에, 그 대가로 돈을 맡긴 이들에게 '예금이자'를 지급하고 반대로, 은행에서 대출을 받는 이들에게는 '대출이자'를 받는다.

그러면, 예금과 대출 중 어느 쪽의 이자가 높을까? 당연히 대출이자가 높다. 만약 예금이자가 대출이자보다 높다면 최대한 많은 돈을 대출받아 예금만 해 놓아도 앉아서 돈을 버는, 손쉬운 재테크가 가능할 것이다. 하지만 안타깝게도 내가 은행에서 일한 15년 동안 한 번도 이런 일은 일어나지 않았다.

은행은 만기 때 고객에게 돌려줄 돈(원금과 이자)을 마련하기 위해, 예금보다 높은 금리로 개인이나 개인사업자, 법인에게 대출을 한다. 이때 대출이자와 예금이자의 차이를 '예대마진'이라고 하는데, 이 예대마진이 은행의 주요 수입원이다.

예대마진 = 대출이자 − 예금이자

예를 들어 대출이자가 5%이고 예금이자가 3%면 예대마진은 2%가 되며, 예대마진 2%는 그대로 은행 수익이 된다.

안정적인 수익을 내기 위한
방법을 찾는 은행들

은행이 예대마진을 키워 큰 수익을 얻고 싶으면 어떻게 해야 할까? 대출이자를 최대한 높여서 수익을 늘리거나, 고객에게 돌려줘야 하는 예금이자를 낮추는 방법이 있다. 하지만 무턱대고 예대마진을 크게 운영할 경우 '예금이자는 쥐똥만큼 주면서 대출이자 폭탄만 안기는 은행' 혹은 '서민과 중산층 상대로 이자놀이 하는 은행', '땅 짚고 헤엄치는 고금리 이자 장사'라는 비난만 받게 될 것이다. 더구나 인터넷 전문 은행이 출범하고, 은행 간 금리 경쟁이 더욱 심화되고 있는 상황이어서 무작정 예대마진을 확대하는 은행은 고객을 잃을 수밖에 없다.

그래서 은행들은 차선책으로 대출이자를 안전하게 받을 수 있는 방법을 모색하게 된다. 이러한 방법 중 하나가 대출이자를 성실하게 납부할 수 있는, 신용 좋은 고객 위주로 대출을 하는 것이다. 또 매월 안정적인 월급이 나오는 근로소득자, 신용대출보다는 담보(아파트, 상가, 신용보증서 등)로 대출을 받는 사람들에게 우대금리를 적용하여 거래를 유인하는 것도 안정적인 대출이자를 받기 위한 방법 중 하나라고 할 수 있다.

새로운 수익원을 찾는 은행들

은행은 예대마진 이상의 새로운 수익원 창출을 위해 고심하고 있다. '비(非)이자 이익'이라 불리는 신용카드, 펀드, 신탁 및 방카슈랑스(보험) 판매에 집중하는 것도 이때문이다.

은행 창구에 비치된 안내장이나 벽에 붙은 포스터를 떠올려보자. 신용카드, 펀드, 신탁, 보험 상품을 홍보하는 내용이 대부분이었을 것이다. 이러한 비이자 이익은 예대마진과 달리 시장 금리에 민감하지 않아 은행의 안정적인 수익 확보에 큰 도움이 된다.

해외 진출도 은행의 새로운 수익원 확보를 위한 정책 중 하나다. 금융감독원에 따르면 2018년 국내 은행의 해외점포 당기순이익은 9억 8천 300만 달러로 2017년 대비 22.2% 늘었다. 또한 해외에서 벌어들인 순익이 전체 당기순이익에서 차지하는 비중은 2017년 7.7%에서 2018년 8.0%로 높아졌다. 국내 대형 은행들은 은행 이익의 20%를 해외 점포에서 달성하는 것을 목표로 해외 진출에 더욱 박차를 가할 예정이라고 한다.

우물 안 개구리를 벗어나 글로벌 시장에서 멋지게 활약하는 우리나라 은행들의 모습을 기대해본다.

○○○ ─────────────

은행, 4시에 끝나면
뭐해요?

오후 4시. 은행원 김 과장은 여전히 고객을 응대하고 있다. 마감 시간이 넘어가지만 대기석에는 아직도 5명의 고객들이 순서를 기다리고 있다.

'오늘 오전에 접수한 대출을 전산에 입력해서 대출 가능한 금액과 금리를 알려줘야 하고. 내일 취급할 대출 서류도 정리해서 지점장님 결재를 받아야 하고. 다음 달 만기가 도래하는 업체의 신용평가도 해야 하고, 캠페인 실적 보고도 해야 하는데….'

김 과장의 머릿속은 마감 후에 할 일로 온통 가득 차 있다. 오늘 안에는 끝낼 수 있을지. 마음만 점점 조급해진다.

주변에 은행에서 일하는 사람이 있다면 '은행 일은 셔터 내린 뒤부터 시작된다.'는 말을 들어봤을 것이다. 나 역시 은행에 입행하기 전에는 매일 오후 4시가 되면 바로 퇴근할 수 있는 줄 알았다. 하지만 4시 이후에 본격적인 마감 업무가 기다리고 있다는 것을 아는 데는 그리 많은 시간이 걸리지 않았다.

제일 먼저 시재 점검

창구 마감 후 가장 먼저 할 일은 개인시재(현재 가지고 있는 돈) 점검이다. 창구 직원들은 매일 아침마다 일정한 금액을 가지고 업무를 시작하는데, 여기에 하루 동안 들어오고 나간 돈을 계산하여 정확히 일치하는 지 확인하는 작업이다.

종일 있었던 현금 거래와 현금외 거래 등을 종합해서 최종 잔액과 일치하는지 확인한 뒤, 일치하지 않을 경우 고객이 작성한 전표나 지점 CCTV를 거래시간 별로 확인하여 의심 가는 거래를 되짚어봐야 한다. 만약 시재가 부족할 경우, 고객에게 전화해서 사유를 설명하고 돈을 달라고 해야 하는데 이게 참 어렵고 애매하다. 사람이라 실수할 수 있다고 위로하는 고객도 있지만, "나는 모르는 일이니까 알아서 하라."고 하는 분들도 종종 있다.

더욱 힘든 건 반대인 시재가 남는 경우이다. 고객에게 반드시 줘야 하는 돈을 은행이 갖고 있는 것이기 때문이다. 시재가 맞지 않는 경우 은행에 대한 신뢰도와 이미지에 직접적인 타격이 있으므로 항상 긴장하며 거래한다. 신입 때는 시재에 대한 압박이 너무 큰 나머지 매일 밤 악몽에 시달리다 출근하던 기억이 난다.

직원별 시재 점검이 끝나면 출납 담당이 지점 전체의 시재와 전산에서 조회되는 시재가 일치하는지 확인한다. 아무래도 지점 전체 시재를 맞추는 절차이다 보니 개인 시재 점검보다 오래 걸린다. 출납은 신입 직원이 맡는 경우가 많지만 워낙 중요한 업무라서 경우에 따라 고참 직원이 별도로 담당하기도 한다.

수표와 어음 교환

창구나 자동화기기에서 받은 수표나 어음을 센터로 발송하는 교환 업무도 창구 마감 뒤에 하는 일 중 하나다. 영업점에서는 수표 건수와 금액의 일치 여부를 확인하고 이미지를 스캔한 뒤에 본부로 발송한다. 본부에서는 각 지점에서 발송한 어음을 집계한 후 타 은행과 상호 교환하고 차액을 결제한다.

만약 수표가 한 장이라도 부족하면? 전 직원이 함께 온 지점을 샅샅이 뒤져서 나올 때까지 찾아야 한다. 아무리 찾아도 안 보이던 수표가 허무하게 책상 틈이나 휴지통에서 발견될 때면 안도와 분노의 감정이 동시에 들기도 한다.

통장이나 카드, 수표, OTP 개수 등 중요 증서 마감도 업무 시간 이후에 이뤄진다. 각각의 중요 증서마다 일련번호가 있어서 개수와 일련번호가 모두 일치하는지 확인해야 한다.

상품 마케팅

이제 남은 건 상품 마케팅이다. 은행을 찾는 고객 수가 줄면서 전화 또는 문자, 이메일 등을 활용해 상품 안내를 한다. 은행 직원의 전화를 반기는 분은 거의 없을 뿐더러 최근에는 보이스피싱 등 전화를 이용한 사기가 많아져서 정확한 소속과 이름을 밝혀도 바로 전화를 끊어버리는 경우가 많다. 비록 노력 대비 효율성이 떨어져 보여도 신규 고객 확보는 지점 영업에 정말 중요한 항목이므로 소홀히 할 수 없는 일이다.

기타 서류 정리

아직 끝나지 않았다. 업무 시간 중 접수한 서류에 대한 정리를 할 시간이다. 신규 대출 접수나 만기 연장을 위한 전산 자료를 입력해야 하고, 영업점장이 결재할 수 있는 금액을 초과하는 신청 건들은 본부의 승인을 받는 별도의 절차가 필요하다. 이때 대출 신청 업체나 차주(대출 받은 사람)에 대해 정확히 분석하고, 종합의견서까지 작성해야 하므로 시간이 많이 걸린다. 더불어 각종 업무(신용카드, 예금, 펀드, 대출 등)에서 발생하는 신청서나 신고서 등도 센터로 발송해야 한다.

최근에는 지역 특색에 맞춰 창구 마감 시간을 오후 4시 이후로 늦추거나 업무 개시를 오전 9시 이전으로 당기는 지점이 늘고 있다. 이런 경우 고객 응대를 하면서 창구 마감 후에 하는 업무 일부도 처리해야 해서 더 높은 집중력이 필요하다.

은행 창구를 일찍 닫는다고 아쉬워하지 마시길. 많은 은행원들은 셔터 뒤에서도 남은 업무를 처리하기 위해 바쁘게 움직이고 있다.

돈 많이 찾으면
국세청에 보고되나요?

드라마나 영화에서 금융 범죄를 수사할 때 은행의 입출금 기록을 조사하는 모습을 본 적 있을 것이다. 그래서인지 고액을 입금하거나 출금하는 고객들로부터 이런 질문을 많이 받는다.

"10억 원짜리 수표를 입금하면 국세청에 보고되나요?"

"현금으로 1억 원을 찾으면 국세청에 보고돼요?"

어떤 경우에 정부에 금융거래 내역이 보고되는 걸까? 자세히 알아보자.

불법자금 거래를
막기 위한 제도, CTR

정부에서는 불법자금의 유출입 또는 자금 세탁 혐의가 있는 비정상적 금융거래를 효율적으로 차단하기 위한 목적으로 '고액현금거래 보고제도(CTR: Currency Transaction Report)'를 시행하고 있다. 이 제도는 '특정 금융거래정보의 보고 및 이용 등에 관한 법률'에 근거하여 불법자금 거래 차단 및 자금세탁 방지를 위해 2006년 1월에 도입되었다. 자금세탁 방지 국제기구에서는 CTR 도입을 적극 권하고 있으며 미국이나 호주, 캐나다 등 주요국에서도 시행되고 있다.

고액현금거래 가입 기간은 2006년 제도 도입 당시에는 5천만 원이었으나, 2008년 3천만 원, 2010년 2천만 원으로 하향 조정되었고, 2019년 7월부터는 1천만 원으로 더욱 낮춰졌다.

보고 대상은 '동일인이, 동일 금융기관에, 1일 동안, 1천만 원 이상 현금을 입금 또는 출금한 경우'다. 거래 사실은 국세청이 아닌 금융정보분석원(FIU, Financial Intelligence Unit)에 보고된다. 그리고 은행원의 판단에 의해 선별적으로 보고되는 것이 아니라, 대상에 포함되면 자동으로 금융 거래 정보가 보고된다.

아직 헛갈린다면 예시를 보자.

1. 오전에 A은행에서 500만 원을 찾고, 오후에 B은행에서 500만 원을 찾으면 보고 대상이 될까? 동일 금융기관으로 제한하고 있으므로 이 경우는 해당되지 않는다.

2. 현금 거래만 보고 대상이므로, 공과금을 수납하거나 이체, 송금 거래 및 수표 거래는 보고 대상에서 제외된다. 예를 들어, A은행에서 B은행으로 1천 500만 원을 이체한 경우에는 보고 대상에서 제외된다. A은행에서 수표로 1천 500만 원을 인출한 경우에도 보고되지 않는다.

3. 총 거래 금액이 아니라, 입금 금액과 출금 금액 각각 1천만 원씩 별도로 계산된다. 만일 오전에 500만 원을 입금하고 오후에 500만 원을 찾았다면, 보고 대상이 아니다.

금융정보분석원에 보고된
현금 거래 정보는 어디에 쓰일까?

금융정보분석원은 불법 재산 은닉이나 자금 세탁 행위와 관련된 수사에 필요한 경우, 조세나 관세 탈루 혐의를 확인하고 체납자에게 체납 세금 징수를 하기 위해 국세청뿐만 아니라 검찰, 경찰청, 관세청, 금융위원회 등에도 고액현금거래 자료를 제공한다. 정치자금법 위반 사건 조사에 필요하다고 인정될 경우에도 마찬가지다.

금융정보분석원에서 해당 기관에 자료를 제공한 뒤에는 자료를 제공했다는 사실과 제공한 곳, 제공일 등을 당사자에게 통지한다.

　　고액현금거래 기록이 이동하는 경로를 한눈에 알아보기 쉽게 정리해보자.

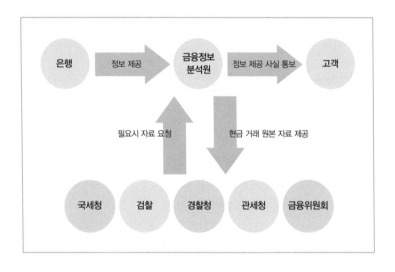

　　국가 기관으로부터 정보 제공 사실 통보를 받고 은행에 연락해서 "왜 동의 없이 개인정보를 제공했느냐?"고 따지는 분들이 가끔 있다. 그러나 앞에서 알아본 것과 같이 고액 현금 거래는 은행원의 개인 판단에 의해서가 아니라 자동으로 전산 보고된다.

1천만 원 이상 현금 거래를 하는 것 자체는 아무런 문제가 되지 않는다. 범죄와 관련된 불법 재산, 테러 자금, 자금 세탁 목적의 돈이 아니라면 말이다. 다만 일정 금액 이상의 현금 거래는 거래 성격에 관계없이 법적 근거를 바탕으로 여러 기관에서 모니터링하고 있다는 사실만은 명심하길 바란다.

내 정보는
내가 지킨다

지갑을 잃어버렸는데 누군가 내 신용카드를 마구 사용하거나, 신분증을 도용해서 대출을 받기라도 한다면? 생각만 해도 끔찍한 일이지만 누구나 겪을 수 있는 일이 '개인정보 노출 사고'다.

주민등록증 또는 운전면허증을 분실했을 때, 보이스피싱 등 전화 금융 사기로 개인정보가 노출되었을 때, 기타 다른 방법으로 내 정보가 노출되었다고 생각될 때는 2차 피해를 방지하기 위해 '개인정보 노출 등록'을 하자.

개인정보 노출 등록
어디서 어떻게 하지?

가까운 은행이나 금융기관 창구, 금융감독원에서 운영하는 금융소비자 정보포털 '파인(fine.fss.or.kr)'에서 개인정보 노출 사실을 등록할 수 있다.

파인을 이용할 경우, 홈페이지 메인 화면의 '개인정보 노출 등록·해제' 메뉴를 이용하면 된다. 은행 영업점에서 신청할 때는 본인 확인을 위해 신분증이 필요하며, 온라인으로 접수할 때는 본인 인증 절차를 거쳐야 한다. 신분증마저 분실한 경우에는 여권을 가져가거나 동사무소에서 발급하는 '주민등록증 발급 신청 확인서'를 사전에 준비하자.

등록이 완료되면 금융정보교환망(FINES)를 통해 실시간으로 모든 금융기관에 개인정보 노출자로 전파되므로, 각 금융기관에 일일이 연락하거나 방문할 필요가 없다.

향후, 분실된 신분증을 다시 찾거나 개인정보 노출 사유가 해소된 경우에는 기존에 신청했던 은행에 방문하거나 파인에 접속하여 개인정보 노출 사실 전파 등록을 해제하면 된다.

등록만 하면 안전할까?

개인정보 노출 사실을 등록하고 나면, 금융기관 창구에서 금융 사고 가능성이 있는 거래가 있을 경우(예금 계좌 개설, 신용카드 발급 신청 등) '개인정보 노출자'로 조회가 된다. 일부 은행은 개인정보 노출자에 대해 인터넷을 통한 대출 신청이나 신용카드 발급을 원천적으로 제한하는 경우도 있다. 금융기관에서 이렇게 통상 이상의 주의를 기울이므로 금융 사고를 막을 가능성은 높아지지만 100% 사고를 예방할 수 있는 것은 아니다. 또 공인인증서는 이 제도를 통해 자동으로 노출 사실이 등록되지 않으므로 별도의 거래 제한 절차가 필요하다.

개인정보 노출 사실 공고와 함께 신용조회회사(CB)에서 제공하는 '신용정보조회 중지 서비스'도 신청하자. 이것은 명의 도용으로부터 금융소비자를 보호하기 위한 제도로, 타인이 나의 신용정보를 조회하면 실시간으로 문자메시지나 이메일을 보내 조회 사실을 알려주는 서비스다.

신용카드를 분실했을 때는 신용카드 콜센터에 분실 신고를 하면 즉시 사용이 정지되어 부정 사용을 막을 수 있다. 여러 장의 신용카드와 체크카드를 사용할 경우, 예전에는 각 카드사별로 분실 신고를 따로 해야 하는 번거로움이 있었다. 하지만 2016년 10월에 '분실 일괄신고 서비스'가 도입되면서 전화 한 통으로 분실된 모든 카드를 한꺼번에 신고할 수 있다.

서비스 이용 방법은 간단하다. 한 곳의 신용카드 콜센터에 분실 신고를 할 때 다른 카드사의 신용카드도 한꺼번에 등록해달라고 요청하면 된다.

카드를 찾아서 분실 해제를 할 때는 각 카드사에 개별적으로 연락해야 한다. 참고로 카드사에서는 콜센터를 통해 365일 24시간 분실 신고를 받고 있으므로, 해외에서 카드를 잃어버렸을 때도 언제든 이용할 수 있다.

신분증을 분실한 경우에는 빠른 시간 내에 가까운 주민센터나 경찰서를 방문하여 분실 신고를 하거나, 온라인으로 정부24(www.gov.kr), 도로교통공단 안전운전 통합민원(www.safedriving.or.kr)에서 분실 신고를 하자.

평소에 팩스나 이메일, 휴대전화 문자메시지로 주민등록번호 등 개인정보가 담긴 내용을 발송할 때는 특히 주의를 기울여야 한다. 통신망이 편리해진 만큼 개인정보가 언제든 노출될 수 있다는 경계심을 가지고 있어야 하겠다. 조금 번거롭더라도 내 정보는 내가 먼저 지키자!

돈이 유일한 해답은 아니다.
그러나 때로 돈은 '차이'를 만들어낸다.

– 버락 오바마(Barack Obama), 전 미국 대통령

2장

⋮

은행에서 돈 공부를 시작합니다

제로 금리의
역습

'저금리, 저금리, 저금리.' 고객도 은행 직원들도 이제 지긋지긋하게 느껴질 만큼 저금리는 오랫동안 우리 곁에 머물고 있다. 돈을 맡기면 이자를 받는 대신 수수료를 내야 하는 '마이너스금리'가 당연한 세상이 올 수 있다는 경고도 나온다.

변화하는 금융 환경 속에서, '금리'란 무엇이고 어떤 종류가 있는지, 그리고 금리 변동에 따라 어떤 금융상품을 선택해야 유리한지 함께 알아보자.

'금리'란 무엇일까?

'돈의 값'이라 불리는 금리는 일정 기간 동안의 이자가 원금에서 차지하는 비중을 나타낸다.

금리 = 이자 ÷ 원금

돈을 빌린 사람은 금리가 낮을수록 적은 이자를 부담해도 되니 유리하다. 반면 돈을 빌려준 사람은 그만큼 이자를 덜 받기 때문에 저금리가 불리하다. 즉, 금리는 돈을 빌려준 사람에겐 '이자 수익'을, 빌린 사람에겐 '이자 비용'을 안겨준다.

한편, 금리는 이자를 계산하는 방식에 따라 '단리'와 '복리'로 나뉜다. 우선 단리는 단순하게 원금에 대해서만 이자가 붙는다고 생각하면 된다. 예를 들어 5% 단리 정기예금에 1년 동안 1천만 원을 가입한 경우 1년 뒤 받는 원금과 이자는 다음과 같다.

1천만 원 + (1천만 원 × 5%) = 1천 50만 원

반면, 복리는 원금과 이자 합계액에 다시 이자가 붙는 계산 방식이다. 앞의 경우와 같은 금액을 같은 기간 동안, 월복리로 가입했을 때를 계산해보자.

$$1천만 원 \times (1 + 5\% / 12개월)^{12개월} = 1천 51만 1천 619원$$

둘 사이의 차이인 1만 1천 619원이 흔히들 이야기하는 '복리효과'이다. 그러므로 다른 조건은 동일한 경우 단리가 아닌 복리 상품을 선택하는 것이 금융소비자에게 유리하다.

하지만 과학자 아이슈타인도 '복리는 가장 놀라운 인류 발명품 중 하나'라며 복리의 위대함을 칭송했다는데 차익이 고작 1만원밖에 안 된다니, 실망할 수도 있다. 하지만 실망하긴 이르다. 위예시는 단 1년 동안의 복리효과를 계산한 것이기 때문이다.

기간을 10년으로 늘려서 단리와 복리의 차이를 느껴보자.

- 단리 : 1천만 원 + 1천만 원 $\times$ 5% $\times$ 10년 = 1천 500만 원
- 복리 : 1천만 원 $\times$ (1 + 5% / 12개월)^{120개월} = 1천 647만 95원

기간을 1년에서 10년으로 바꿨을 뿐인데 1만 1천 619원에서 147만 95원으로 복리효과가 커졌다. 이왕 여기까지 온 거 20년으로 기간을 더 늘려보자.

- 단리 : 1천만 원 + 1천만 원 × 5% × 20년 = 2천만 원
- 복리 : 1천만 원 × (1 + 5% / 12개월)^{240개월} = 2천 712만 6천 403원

단리와 복리 차이는 712만 원 이상으로 확 늘어났다. 이제야 아이슈타인이 왜 복리를 극찬했는지 알 것 같다.

복리 상품에 가입하면서 내 원금이 2배 되는 시점을 알고 싶다면 '72법칙'으로 간단히 계산할 수 있다. 72법칙의 계산식은 다음과 같다.

$$72 ÷ 수익률(\%) = 기간$$

예를 들어 수익률이 5%인 경우 '72 ÷ 5% = 14.4년'이 나온다. 5% 수익률로 원금을 2배 만들려면 14.4년간 은행에 돈을 예금해 두어야 한다.

거꾸로 원금을 2배로 만들기 위해 필요한 수익률도 이 식을 이용해서 구할 수 있다. 예를 들어 10년 동안 원금을 2배로 만들고 싶다면 '72 ÷ 수익률 = 10년'. 그러므로 수익률 7.2%의 상품에 가입해야 한다.

최근 은행의 평균 예금금리는 약 1~2% 수준이다. 72법칙에 대입하면 72 ÷ 2% = 36년. 원금을 2배로 만들려면 무려 36년이 걸린다. 제 아무리 복리가 마법을 부린다고 해도 수익률 자체가 낮으면 현실적으로 복리효과는 힘을 잃을 수밖에 없다. 그래서 예금금리 이상의 수익률을 기대할 수 있는 투자상품의 필요성이 계속 대두되는 것이다.

명목금리와 실질금리

금리는 물가상승률을 고려하느냐 여부에 따라 '명목금리'와 '실질금리'로 나눌 수 있다.

'명목금리'는 물가상승률을 고려하지 않는 금리이다. 은행상품을 가입할 때 적혀 있는 정기예금 이자율, 적금 이자율 등이 여기에 속한다.

'실질금리'는 경제 상황을 반영한 금리라고 이해하면 쉽다. 은행에 예금을 해서 이자를 받았지만, 물가가 큰 폭으로 올라 예금 전보다 돈의 가치가 떨어졌다면 실제로는 손해를 보는 것과 같다. 반대로 물가가 내리면 같은 이자를 받았더라도 그 돈의 가치가 더 높기 때문에 액면 금액 이상의 이익을 보는 셈이다.

실질금리는 명목금리에서 물가상승률을 뺀 것으로, 물가가 오를수록 낮아진다. 예를 들어 명목금리가 2%이고 물가상승률이 3%면 실제로 내가 갖는 이자는 2%가 아니라 2% - 3% = -1%가 된다. 즉, 1%만큼 손해를 본다는 뜻이다.

경제신문에 자주 등장하는 '실질금리 마이너스 시대'라는 말은 명목금리가 낮은 상태에서 물가가 상승한 경우를 의미한다.

고정금리와 변동금리

마지막으로 금리는 변동성에 따라 '고정금리'와 '변동금리'로 구분한다. 고정금리는 처음 정한 금리가 만기까지 고정되는 것이고, 변동금리는 시장금리의 움직임에 따라 처음에 정한 금리보다 오르거나 떨어질 수 있는 것이다.

예금을 하는 입장에서는 앞으로 금리가 상승할 것이라 예상되면 변동금리가, 금리가 하락할 것이라 예상되면 고정금리가 유리하다. 돈을 빌리는 입장에서는 반대다. 금리 상승이 예상되면 고정금리가, 하락이 예상되면 변동금리가 유리하다.

일반 금융소비자가 시장금리를 예측하여 고정금리 상품을 택할지 변동금리 상품을 택할지 결정하기는 어렵다. 다만, 가계대출과 자영업자의 대출 잔액이 매년 최고치를 돌파하고 있는 점, 경기 불안에 대한 우려가 지속적으로 제기되고 있는 상황을 감안하면 한국은행에서 급격히 금리를 올릴 가능성은 높아 보이지 않으므로, 선택에 참고하길 바란다.

 BANKer TIP

금리에 대해 더 알면 좋은 것들

1. 이자 쉽게 계산하는 법

인터넷으로 빠르고 간단히 이자를 계산하는 방법이 있다. 예금 및 적금에 대한 단리, 복리 계산을 하려면 국내 포털 사이트인 '다음(daum)'이나 '네이버(naver)'에서 '예적금 계산기' 혹은 '이자 계산기'로 검색해보자. 금액, 기간, 이율을 입력하면 얼마의 이자 수익을 얻을 수 있는지 알 수 있다.

2. '유동성 함정'에 빠진 대한민국?

경제뉴스에서 '경기가 나빠지면서 정부가 시중에 돈을 풀기로 결정했다.'는 말을 들어봤을 것이다. 이것은 금리를 낮춰 기업과 개인이 돈을 더 많이 쓰게 만든다는 뜻이다. 시중금리를 낮추면 기업은 예전보다 낮은 금리로 사업대출을 받아 자금을 마련할 수 있으므로 투자를 늘리려 한다. 물론 개인도 낮아진 금리로 인해 저축에 대한 매력을 느끼지 못하고 소비를 늘리기 시작한다. 이렇게 이론적으로는 금리를 인하하면 기업 투자와 개인 소비가 동시에 늘면서 국가적으로 경기가 살아나는 아름다운 이야기로 마무리된다. 하지만 현실은 좀 다르다. 기업이나 개인 모두 경기가 조만간 살아난다는 확신이 없는 상태가 지속된다면 아무리 금리를 낮춰도 투자와 소비는 늘지 않는다.

이렇게 아무리 금리를 낮춰도 투자와 소비가 늘지 않는 상황, 금리가 낮아지는 데도 불구하고 불안한 심리로 인해 경기가 살아나지 않는 상황을 '유동성 함정(Liquidity Trap)'이라고 한다.

은행 이자,
똑똑하게 따져 가입하기

"예금 가입하려는데요. 금리가 몇 %나 돼요?"

"2% 입니다."

은행에서 흔히 오가는 고객과 은행원의 대화다. 이 대화에서
생략된 단어를 넣어 다시 구성해 보자.

"(정기)예금 가입하려는데요. (정기예금) 금리가 (1년에) 몇 %예요?"

"(1년 맡겨 놓으시면) 2% 입니다."

60

정기예금 이자는
어떻게 계산할까?

　'정기예금'은 목돈을 정해진 일정 기간 동안 은행에 맡겨 놓는 상품이다. 기간은 3개월, 6개월, 1년, 2년, 3년 등 다양하며 특정 일자로도 만기일을 설정할 수 있다. 은행 예금 이자율은 별도의 언급이 없으면 1년을 기준으로 표시하고, 일반적으로 가입 기간이 길수록 이자율이 높다.

　사례를 통해 정기예금에 가입해서 받을 수 있는 이자를 직접 계산해 보자.(정기예금 이자는 단리로 가정)

1) 2천 4백만 원을 1년 만기 이자율 2% 정기예금상품에 예치할 경우,
　원금 2천 4백만 원 × 이자율 2% × 1년 = 만기 이자 48만 원

2) 2천 4백만 원을 2년 만기 이자율 2% 정기예금상품에 예치할 경우,
　원금 2천 4백만 원 × 이자율 2% × 2년 = 만기 이자 96만 원
　▶ 2년 상품은 기간이 길어진 만큼 1년 상품보다 이자가 더 많다.

3) 2천 4백만 원을 6개월 이자율 2% 정기예금상품에 예치할 경우,
　원금 2천 4백만 원 × 이자율 2% × 6개월 / 12개월 = 만기 이자 24만 원
　▶ 6개월 상품은 기간이 짧아진 만큼 1년 상품보다 이자가 적다.

참고 실제 내 손에 쥐어지는 이자는 위 계산에서 세금 15.4%(소득세 14%, 지방소득세 1.4%)를 차감해야 한다. 세금을 제하기 이전 이자를 '세전(前) 이자', 세금을 빼고 최종적으로 받는 이자를 '세후(後) 이자'라고 한다. 가뜩이나 이자도 적은데 은행에서 세금까지 떼어간다고 오해하지 않으면 좋겠다. 이자에 붙는 세금은 국가에 내는 것이지 절대 은행에서 가져가는 게 아니다.

1) 세전 이자 24만 원 × (1 - 15.4%) = 세후 이자 20만 3천 40원
2) 세전 이자 48만 원 × (1 - 15.4%) = 세후 이자 40만 6천 80원
3) 세전 이자 96만 원 × (1 - 15.4%) = 세후 이자 81만 2천 160원

적금 이자 계산하기

돈을 조금씩 나누어 입금하면서 만기에 이자와 함께 원금을 받는 상품을 '적금'이라고 한다. 적금은 정해진 금액 없이 돈이 있을 때마다 자유롭게 입금할 수 있는 '자유적금'과 정해진 주기에 따라 일정한 금액을 입금하는 '정기적금'으로 나뉜다.

자유적금은 말 그대로 돈을 넣는 주기나 금액이 자유롭다. 심지어 처음 만들 때 입금하고 만기 때까지 추가 입금을 하지 않아도 된다. 하지만 정기적금은 동일한 금액을 규칙적으로 입금하기로 한 상품이므로, 정해진 날짜에 입금을 하지 않으면 만기일이

원래 정해진 날짜보다 뒤로 밀려난다. 보통은 정기적으로 입금하는 정기적금이 자유적금보다 금리가 높다.

적금 상품의 이자 계산은 앞서 살펴본 정기예금 계산 방식과는 다르다.

매월 2백만 원씩 입금하는 연2% 정기적금에 1년 가입했다고 가정해보자. 만기 때 받을 수 있는 세전 이자를 어떻게 계산할까? 일반적으로 다음과 같은 계산식을 떠올릴 것이다.

월 입금액 (2백만 원) × 가입 기간 (12개월) × 이자율 (2%) = 48만 원

우선, 이 계산식은 틀렸다.

은행은 고객이 돈을 맡긴 기간에 따라 이자를 차등 지급한다. 즉, 짧게 맡기면 이자를 적게 주고 오랫동안 묵히면 그만큼 이자를 많이 준다.

매월 200만 원씩 입금하는 1년짜리 정기적금을 오늘 신규 가입하면 적금 통장에는 1회분 200만 원이 입금된다. 이 1회분 입금액 200만 원은 만기 때까지 12개월 내내 고스란히 적금통장에 머문다. 반면 한 달이 지나서 입금한 2회분 200만 원은 12개월이 아닌, 11개월 동안 통장에 머물게 된다. 마찬가지로 그 다음

달에 입금된 3회분 2백만 원은 10개월만 적금 통장에 있다. 매월 200만 원씩 동일하게 입금하지만 통장에 머무는 기간은 각각 다르다. 아래 그림을 보면 쉽게 이해된다.

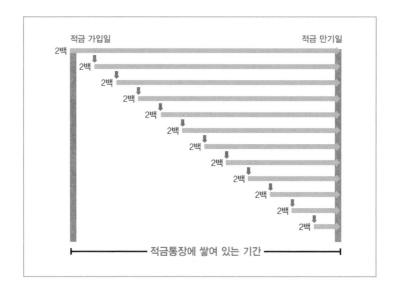

은행에서는 돈이 통장에 머무는 기간에 따라 이자를 붙이기 때문에, 만기 때 받는 이자는 처음 예상한 48만 원이 아닌 26만 원이 된다.

매월 쌓이는 원금에 대한 이자는 다음 페이지의 표와 같다.

회차	원금	이자
1회	200만 원	200만 원 × 2% × 12/12
2회	200만 원	200만 원 × 2% × 11/12
3회	200만 원	200만 원 × 2% × 10/12
4회	200만 원	200만 원 × 2% × 9/12
5회	200만 원	200만 원 × 2% × 8/12
6회	200만 원	200만 원 × 2% × 7/12
7회	200만 원	200만 원 × 2% × 6/12
8회	200만 원	200만 원 × 2% × 5/12
9회	200만 원	200만 원 × 2% × 4/12
10회	200만 원	200만 원 × 2% × 3/12
11회	200만 원	200만 원 × 2% × 2/12
12회	200만 원	200만 원 × 2% × 1/12
합계	2천 400만 원	26만 원(세전 이자)

예금과 적금은 이자 계산 방식이 다르다는 점과 은행에서 말하는 이자율은 1년 기준이라는 것, 그리고 은행에 돈을 맡기는 기간이 길수록 이자를 더 많이 받을 수 있다는 것을 알 수 있었다.

흔히 "돈 쓰는 재미만한 게 없다."고들 말한다. 이런 즐거움을 포기하고 미래를 위해 예금이나 적금에 가입하는 것은 정말 위대한 결정이다. 하지만 이러한 결정이 무색하게도 수없이 중도해지의 유혹을 받는다. 마음이 흔들릴 때마다 만기에 차곡차곡 쌓일 원금과 소중한 이자를 직접 계산해보면 만기까지 견딜 의지가 생기지 않을까 싶다.

당신의 적금을
응원합니다

　　은행 창구에서 고객을 만나다 보면 적금에 가입하는 다양한 사연이 있다.

　　첫 월급을 받고 설레는 마음으로 은행을 찾은 사회 초년생. 졸업하고 사회라는 새로운 환경에 적응하는 것도 힘들고 사고 싶은 것도 많을 텐데 이른 시기에 적금을 시작하는 게 정말 대단하다. 사랑하는 아이 이름으로 처음 적금 통장을 만들어주는 젊은 엄마 아빠들. 통장에 돈이 차곡차곡 쌓이는 만큼 아이들도 건강하게 자라길 기원한다. 휴가 때 은행을 찾은 군인. 많은 월급이 아닐 텐데 그 돈을 쪼개서 적금을 가입하는 게 정말 존경스럽다.

이렇게 나의 소중한 미래를 위해 가입하는 적금이지만 만기까지 유지하기가 쉽지 않다. 이상하게 적금만 가입하면 돈 쓸 일이 생긴다고 한다. 차를 바꿔야 한다거나, 갑자기 지인이 돈을 빌려 달라고도 한다.

적금은 중도에 해지해도 최소한 원금은 보장되기에 더 쉽게 해약하게 되는 것 같다. 만약 적금을 중도해지할 때 수수료가 있다면 중도해지는 지금보다 줄어들지 않을까.

추가 이자를 주는
적금 상품이 있다?

저금리 기조 탓인지 적금의 인기는 시들하다. 몇 년을 기다려 봐야 만기 때 받는 이자가 쥐꼬리만 하니 매력이 떨어지는 건 당연하다. 매월 30만 원씩 입금하는 2.6% 이율의 정기적금에 1년 가입해도 만기에 받는 이자는 5만 700원이다. 여기에서 세금까지 제하면 실제 받는 이자는 고작 4만 2천 892원이다. 1년 동안 꼬박꼬박 30만 원씩 입금했는데 막상 만기에 받는 이자는 지난 설날 조카에게 준 세뱃돈 5만 원 보다 적다. 이러니 누가 적금에 가입하겠는가.

목돈을 마련하는 대표적인 상품이었던 적금 대신 적립식펀드가 유행했던 것도 적금 불호(不好) 현상에 한 몫을 했다. 펀드의 드라마틱한 수익률에 익숙해진 사람들에게 2%대 적금 이자율은 푼돈으로 밖에 보이지 않을 것이다. 이를 증명하듯 2018년 은행 정기적금 잔액은 5년 만에 최저 수준이라고 한다.(한국은행 발표)

돌아선 고객의 관심을 되찾기 위해, 은행들은 기존 적금에 재미를 느낄 수 있는 요소를 결합하는 전략을 세우고 있다. 소액으로 매일, 매주, 매월 자유롭게 불입하는 26주 적금은 전통적인 적금 상품에 비해 만기를 짧게 하여 만기까지 적금을 유지할 수 있게 한다. 고객에게 재미를 느낄 수 있는 도전 미션을 부여하여 추가 이자를 주는 상품도 많다. 금연이나 다이어트, 커피 안 마시기 등 별도 미션을 달성하면 우대금리를 더해주는 것이다. 또 평소 여행이나 프로야구를 즐기는 사람이라면 여행상품을 할인해주는 적금이나 응원하는 야구팀이 우승할 경우 보너스 이자를 주는 적금 상품을 고려해 볼만 하다.

예전에 비해 다양해진 적금 상품의 출연으로 선택의 폭은 넓어졌지만 만기에 수령하는 이자는 여전히 매우 적다. 더구나 적금은 시장 금리와 연동되는 특성이 있어서, 저금리 기조가 오랫동안 지속되는 한 짧은 기간 내에 적금 금리가 급반등하기는 어려워 보인다.

안전한 방법으로
돈을 모으는 재미를 느끼고 싶다면

목돈을 마련하기 위해 펀드와 같은 투자형 상품을 택할지, 적금과 같은 안전한 상품을 택할지는 자금의 성격, 가입자의 투자 성향 등을 판단해야 하므로 단정해서 어느 쪽이 더 좋다고 말하기는 어렵다. 그러나 오랜 기간 고객들을 만나온 은행원으로서 정확하게 말할 수 있는 한 가지는 목적 자금을 모으기 위한 가장 좋은 방법은 적금이라는 점이다.

적금 가입을 고려하는 사람들은 상품에 대한 접근 방식을 바꿔야 한다. 만기에 받는 이자는 물론 작다. 하지만 만기에 받는 건 적금 이자뿐 아니라 매월 조금씩 입금해서 만기에 목돈이 되어 있는 원금도 있다는 점을 기억해야 한다. 일반 입출금 통장에 입금해서 모으는 것과 뭐가 다르냐고 반박할 수 있지만, 눈에 보이면 쓰고 싶은 게 사람 마음인지라 정말 독한 마음을 먹지 않고서야 입출금 통장으로 돈 모으기는 쉽지 않다.

또한 만기까지 적금을 유지했을 때 느끼는 성취감과 자기만족은 다른 금융상품이 따라올 수 없다. 더불어 적금 만기 자금을 다른 상품으로 운용하기 위해 자연스레 금융 공부를 하면서 돈을 굴리는 재미를 느낄 수 있고, 저축하는 습관도 기를 수 있다.

문제는 만기까지 가지 못하고 쉽게 중도해지하는 것인데, 이를 방지하기 위해 적금에 가입하는 목적과 의미를 분명하게 하는 것이 좋은 방법이 될 수 있다.

함께 근무했던 선배 중에 적금 통장을 여러 개 갖고 있는 분이 있었다. 그는 적금 가입과 동시에 통장 겉면에 '아버지 칠순', '가족 해외여행' 등 사용할 목적을 적어 둔다. 통장에 적힌 메모를 볼 때마다 가입 목적을 되새기게 되어서 쉽사리 중도해약할 수 없다고 한다. 그냥 '동료도 하니까 나도 가입해야지.' 혹은 '입금하다 어려우면 중간에 해지하면 돼.'라는 막연한 생각으로 적금에 가입하지 말고, 어떤 목적으로 돈을 모으는지를 꼭 정하길 바란다. 단순히 적금통장 겉면에 가입 목적을 메모하는 것만으로도 만기까지 유지하는 큰 동력을 얻을 수 있다.

얼마 전 매월 10만 원씩 3년 동안 모은 적금을 만기 해지하려 은행을 찾은 어르신께 어디에 돈을 쓰실지 여쭤봤다. 손자 대학 학비에 보탠다며 기분 좋게 웃으시는 모습이 참 인상적이었다. 3년이라는 짧지 않은 기간 동안 매월 적금통장에 돈을 넣으면서, 만기 때 손자에게 줄 순간을 얼마나 행복하게 기다렸을까.

누군가에게는 답답하고 느려보일지 몰라도 우직한 당신의 선택을 응원한다. "당신의 적금을 응원합니다."

적금 금리 쉽게 비교하기

은행마다 판매하는 적금의 이자는 모두 다르다. 이자가 0.1%
라도 더 많은 적금 상품을 찾고 싶다면 '은행연합회 소비자포털
사이트(portal.kfb.or.kr)'에 방문해보자. 은행별 적금 금리를 확인할
수 있고, 다른 은행과 비교도 할 수 있다.

저축은행에서 판매하는 예·적금 금리는 저축은행중앙회 홈페
이지(www.fsb.or.kr)에서 조회, 비교할 수 있다.

중도해지할 때 기억할 것들

"김 과장, 작년에 가입한 정기예금 말이야. 얼마 있으면 만기라서 가급적 안 깨려고 했는데. 집주인이 전세금을 갑자기 올려 달라고 해서 어쩔 수 없이 해지해야겠어."

은행원 김 과장에게 상품을 가입한 박 사장이 찾아와 아쉬운 표정을 지었다. 김 과장은 천천히 통장을 살펴보았다. 만기까지는 아직 한 달이 조금 더 남은 상태였다. 은행 전산에 상품 정보를 입력하니, 지금 해지할 때 받을 수 있는 금액과 '예금담보대출'을 받을 경우 이자를 고려한 만기 수령 금액이 비교되어 표시된다. 만기 시 받는 금액이 더 많다.

"박 사장님. 이거 바로 해지하지 마시고요. 예금을 담보로 대출을 해드릴 수 있어요. 그러면 만기 이자도 더 받고 유리합니다."

"응? 대출을 받으라고?"

같은 시간. 현정 씨는 다른 은행에서 정기예금 중도해지 업무를 하고 있다. 창구 직원은 별말 없이 키보드를 몇 번 두드리더니 종이 하나를 내민다.

"고객님, 요청하신 중도해지 처리 완료했습니다. 해지 계산서는 여기 있습니다."

계산서를 확인한 현정 씨는 예상한 이자보다 훨씬 적게 나와 놀라서 묻는다.

"이자가 왜 이렇게 적죠?"

"중도해지이율이 적용돼서 그렇습니다."

만기가 한 달 정도밖에 남지 않았는데, 이자가 이렇게 적다니. 하지만 돈이 급하니 어쩔 수 없는 노릇이었다. 현정 씨는 뭔가 크게 손해 본 기분에 찜찜하게 은행 문을 나선다.

예금이나 적금 통장에 표시된 이율은 만기까지 유지할 경우에 은행에서 지급하는 이자율을 나타낸다. 가입 기간 중간에 해지할 경우, 은행에서는 만기이자율이 아닌 중도해지이율을 적용하여 고객에게 이자를 지급한다.

　기존에 일부 은행은 중도해지이율을 만기이자율보다 지나치게 적게 적용하여 이용자들에게 불이익을 줬다. 하지만 2018년 하반기부터 모든 시중 은행은 중도해지이율의 최대 지급 비율을 기존 50%에서 90%로 상향 조정했다. 예금 만기에 가까워질수록 중도해지금리도 올라가니 가입자들이 받는 손실은 최소화됐다.

　1년 만기 연 2.0%짜리 정기예금에 가입한 경우 고객이 중도해지 시 받는 이자는 다음과 같다. (은행마다 중도해지이율이 다르니 꼭 창구에서 확인하자.)

- 가입 6개월 경과 후 중도해지 시 이율 = 2.0% × 50% × 6 / 12
- 가입 9개월 경과 후 중도해지 시 이율 = 2.0% × 75% × 9 / 12
- 가입 11개월 경과 후 중도해지 시 이율 = 2.0% × 90% × 11 / 12

　중도해지이율이 개선되면서 만기 전에 해지할 경우 받는 금액이 어느 정도 합리적으로 변경되었다. 하지만 중도해지이율은 여전히 만기이율보다는 적고, 일부 은행에서는 중도해지할 경우 가입 시 적용된 우대 금리를 제외하는 곳도 있으므로 가급적이면 만기까지 유지하는 게 유리하다.

중도해지 손해는 보기 싫고,
당장 돈은 필요하다면?

예금을 중도에 해지하지 않고 자금을 운용할 수 있는 방법으로 '예금담보대출'과 '일부 해지제도'가 있다.

'예금담보대출'은 본인이 가입한 예금 또는 적금을 담보로 잔액의 최대 95%(은행별로 다름) 이내에서 대출을 받는 것을 말한다. 쉽게 말해 내 돈을 담보로 대출을 받는 것이다. 물론 공짜는 아니다. 엄연히 대출이므로 대출 이자가 발생한다. 보통 담보로 제공하는 예금이자율에 1.25%(은행별로 다름)를 더해 대출 금리가 결정된다.

예) 정기예금 1천만 원, 예금 금리 2% 가입 시

- 예금담보대출을 받을 수 있는 한도는?
  1천만 원 × 95% = 950만 원
- 예금담보대출 950만 원을 1개월 사용하고 갚을 때 부담하는 이자는?
  950만 원 × (2% + 1.25%) × 1개월 / 12개월 = 2만 5천 729원

예금담보대출은 대출 기간이 길면 이자 비용이 그만큼 더 많아지므로, 짧은 기간에 쓰고 갚을 수 있을 때 이용하는 게 좋다. 다음 두 개의 값을 비교한 뒤에 대출 여부를 최종 결정해야 한다.

① 예금 중도해지 시 받는 금액

② 예금 만기해지 시 받는 금액 − 예금담보대출 받은 금액에 대한 이자비용

②가 ①보다 클 경우 예금담보대출을 받는 것이 중도해지하는 것보다 유리하다. 계산하기 어렵다면 은행 창구에 문의해보자. 쉽게 알려준다.

앞의 예에서 박 사장은 중도해지보다 예금담보대출을 받는 게 더 유리한 케이스이다. 간혹 현정 씨를 상담한 은행원처럼 별도로 예금담보대출을 챙겨 주지 못하는 경우가 있으므로 꼭 해지 전에 먼저 체크해 볼 것을 권한다.

예금담보대출은 은행 지점뿐 아니라 인터넷뱅킹이나 모바일뱅킹으로도 서류 없이 간편하게 받을 수 있으며, 자신의 명의로 된 예금 계좌 여러 개를 담보로 할 수도 있다.

예) A예금 2천만 원, B예금 3천만 원, C예금 1천만 원을 각각 가입한 경우 최대 가능한 예금담보대출한도는 얼마일까?

(2천만 원 + 3천만 원 +1천만 원) × 95% = 5천 7백만 원

'일부 해지제도'는 가입한 예금을 모두 중도해지하는 것이 아

니라, 금액을 쪼개서 일부만 중도해지하는 것이다.

> **예)** 1년짜리 정기예금에 5천만 원을 넣은 후 2개월이 지나 1천만 원이 필요한
> 경우
>
> ① 일부 해지 1천만 원 → 중도해지이율 적용 받고 인출
> ② 잔액금액 4천만 원 → 최초 약정 금리로 만기 때까지 적용

위의 예와 같이 필요한 금액만큼만 해지할 수 있다. 단, 상품에 따라 일부 해지가 불가하거나 일부 해지 횟수가 제한되는 경우가 있으므로, 거래 은행에 먼저 문의해야 한다.

예금이나 적금을 중도해지하기 전에 마지막으로 정말, 꼭 중도해지를 해야 하는지 자문해보자. 특히 만기가 얼마 남지 않은 상황이라면 더더욱 신중할 필요가 있다.

처음 상품을 가입할 때의 설렘, 통장을 만든 목표, 만기가 됐을 때의 뿌듯함과 만족감을 떠올려보자. 그래도 어쩔 수 없이 해지해야 한다면 예금담보대출 또는 일부 해지제도를 이용해 중도해지에 따른 손실을 최소화하는 것이 좋다.

은행 두 번 방문하지 않으려면

만 19세 이하 미성년자의 계좌를 부모가 대신 만들거나 해지할 때 서류를 잘못 가져와서 여러 번 방문하는 경우가 많다. 아래 자료를 참조하여 은행에 두 번 방문하는 일이 없도록 하자. 단, 모든 서류는 3개월 이내 발급분만 유효하며, 예금주와 관련된 가족의 주민번호는 전체 노출되도록 발급해야 한다.

1. 신규 거래 시

– 내점한 부(父) 또는 모(母)의 실명확인증표

– 일반 도장

– 자녀 기준 가족관계증명서 (일반 또는 상세)

– 자녀 기준 기본증명서 (특정 또는 상세)

2. 해지 거래 시

– 부모(친권자) 전원 내점 원칙

– 부, 모의 실명확인증표

– 자녀 기준 가족관계증명서 (일반 또는 상세)

– 자녀 기준 기본증명서 (특정 또는 상세)

– 해지 대상 통장 및 도장

※ 일정 금액 이하 계좌의 경우 예외적으로 부모 중 한 명만 방문해도 계좌를 해지할 수 있으니 거래 은행에 먼저 확인 후 방문하자.

주거래 은행,
대체 뭐가 좋은 건가요?

"인터넷뱅킹으로 이체할 때 수수료가 나와요."

"주거래 우대 혜택으로 이체 수수료를 면제받으실 수 있습니다."

"적금 가입하려는데 금리가 너무 낮아요."

"주거래 우대 혜택으로 보너스 금리가 있어요."

"환율우대 받을 수 있을까요?"

"주거래 우대 혜택을 받으면 환율우대를 받으실 수 있습니다."

"대출금리를 낮출 수 있는 방법이 있나요?"

"주거래 우대 혜택을 받으면 대출금리를 낮출 수 있습니다."

이쯤 되면 '기승전(起承轉) 주거래 우대'라 봐도 좋을 것 같다. '주거래 우대'란 대체 뭘까?

주(主)거래 우대는, 고객의 주요 금융 거래가 한 은행에 집중되어 있는 경우 은행이 고객에게 주는 금융 혜택이다. 단, 단순히 한 은행과 오래 거래했다는 것만으로는 주거래 우대 혜택을 받을 수 없다. 오래 전에 통장을 만들고, 아주 가끔 입출금 거래가 일어나는 고객은 '장기거래 고객'이지 주거래 고객으로 보지는 않는다.

주거래 고객이
되기 위한 조건

주거래 고객이 되기 위해서는 은행에서 인정하는 '실적'을 쌓아야 한다. 여기에서 실적이란, 예금 거래 등 수신실적, 대출 이용 실적, 월급 이체, 공과금(아파트 관리비, 전기, 도시가스, 보험료 등) 자동이체, 신용카드 이용 등이다.

특히 은행에서는 월급을 이체하는 고객을 최우선 우량 고객으로 분류한다. 이들은 향후 대출 잠재 고객으로 추가 거래 가능성이 높기 때문이다. 신용카드나 펀드 가입 등 부수 거래로 이어질 가능성도 높다. 그래서 은행에서는 월급 이체 고객을 확보하기 위해 경쟁적으로 다양한 금융 혜택을 제공하고 있다.

일부 은행에서는 일정한 날짜에 일정 금액 이상 반복적으로 입금되는 것도 월급으로 인정한다. 단, 입금 시 거래 메모에 '월급', '급여', '상여금', '봉급'과 같이 내용상 월급으로 인정될 만한 문구가 기재되어야 한다. 이 방법을 이용하면 학생이나 가정주부, 프리랜서도 직장인이 받는 혜택을 추가로 누릴 수 있다.

대학생 지원 씨는 A은행의 직장인 통장 혜택을 받고 싶지만 아직 학생이라 월급 이체 조건을 채울 수가 없다. 하지만 매월 일정한 금액이 입금되면 월급으로 인정받을 수 있다는 것을 안 뒤, 매월 20일마다 B은행에서 A은행으로 50만 원씩 자동이체 되도록 등록해 두었다. 거래 메모에는 '월급'이라고 찍히게 해서 말이다. 그렇게 직장인 통장 혜택을 받을 수 있게 되었다.

사업자에게는 카드매출 대금 입금 여부가 우대 조건인 경우가 많다. 카드 회사별로 은행을 다르게 지정할 수 있으므로, 카드사마다 각각 다른 은행을 입금 계좌로 지정한다면 여러 은행에서 주거래 우대 혜택을 받을 수 있다.

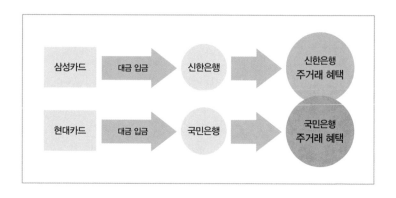

대체 주거래 은행이 주는
혜택이 뭐기에?

우선, 인터넷뱅킹이나 모바일뱅킹 시 발생하는 이체 수수료를 면제받을 수 있다. 이체수수료 200원, 300원 깎아주면서 생색이냐 할 수도 있지만 하루 이체 건수가 많은 사람이라면 수수료 할인 혜택은 꽤 쏠쏠하다.

현금인출기에서 돈을 출금할 경우에도 수수료를 면제해준다. 영업 외 시간에 출금할 때나 타행 현금인출기에서 출금할 때도 수수료를 면제해주는 은행도 있다.

통장을 분실하여 재발급하거나 잔액증명서, 금융거래확인서 등 각종 증명서를 발급할 때 부과되는 수수료도 은근히 아깝다는 생각이 드는데 주거래 우대 혜택을 받으면 수수료를 면제받을 수 있다. 또 환전이나 해외 송금 시 환율우대를 받거나, 예·적금에 가입할 때도 보너스 금리 우대를 받을 수 있다.

이러한 우대 혜택은 가족끼리 공유할 수도 있다. 은행 서비스 중 '가족합산제도'가 있는데 이 서비스를 이용하면 가족 간 거래 실적을 합산하여 가족 모두 우대혜택을 받을 수 있다. 가족합산은 주민등록등본(또는 가족관계증명서)과 신분증을 가지고 거래 은행의 창구에 가서 요청하면 된다.

대출을 받거나 대출 기간을 연장할 때도 주거래 우대 실적에 따라 대출한도 증액, 금리 우대 등의 혜택을 받을 수 있다. 0.2%~0.5%가 별 것 아니라고 생각할 수도 있지만 신용대출과 달리 주택담보대출의 경우 보통 1억 원이 넘는 큰 금액을 대출받는 경우가 많으므로 우대 금액을 연간으로 따지면 결코 적지 않다.

앞에서 이야기한 경우가 아니라도, 일정 조건을 충족할 경우에는 주거래 우대 계좌로 변경이 가능하니 지점을 방문하거나 은행 콜센터에 문의하여 우대 혜택을 꼭 챙기자.

한편, 중고등학교 때 만든 계좌를 직장인이 되어서도 계속 사용하는 경우가 많은데, 청소년 전용 계좌는 일정 나이가 넘으면 자동으로 부가서비스가 없어지는 경우가 많으므로 은행 직원과

상담하여 급여가 입금될 때 우대 혜택이 많은 상품으로 새로 가
입하는 게 좋다.

 BANKer TIP

계좌 이동제

은행 실적을 쌓기 위해 자동이체를 한 계좌로 모으기로 결심한
당신. 그런데 보험사, 카드회사, 이동통신사, 아파트 관리실 등에
일일이 연락하는 게 보통 일이 아니다.

이럴 때 이용할 수 있는 서비스가 있다. 보험료와 휴대전화 요
금 등 각종 자동이체 항목을 원하는 은행 계좌로 간편하게 옮길
수 있는 '계좌 이동제'다. 은행 창구에서 신청할 수 있으며, 계좌정
보통합관리 홈페이지 '페이인포(www.payinfo.or.kr)'에 접속하여 공
인인증서로 로그인하면 인터넷이나 스마트폰 어플리케이션으로
도 가능하다.

2019년 하반기부터는 저축은행 등 제2금융권까지 서비스가
확대되었다.

청약통장,
그래도 있는 게 낫다

아침부터 청약통장을 만들기 위해 방문하는 고객들이 많다. 은행원 김 과장은 문득 어제 TV 예능프로그램에서 청약통장이 나왔던 장면이 떠올랐다. 대학교 때 가입한 청약통장을 이용해 신규 아파트 분양에 당첨된 연예인의 사례였다. 높은 경쟁률을 뚫고 당첨된 것도 부러운데, 입주하는 시점에 아파트 시세가 분양가의 2배가 되었다고 한다. 정말 꿈의 재택(宅)크 성공 사례였다.

평소에도 고객이 먼저 찾는 대표적인 상품이 '주택청약종합저축'이다. 하지만 일부 고객들은 "1순위 가입자들이 그렇게 많다는데 이젠 청약통장 효력은 없는 게 아니냐?"며 의문을 제기한다.

언제부턴가 '내 집을 갖는 것'이 평범한 직장인들의 목표가 되었다. 여기에 조금 더 욕심을 부려 깨끗한 새 아파트에 입주하는 것을 목표로 삼는 직장인들도 많다.

우리 주변에서 쉽게 볼 수 있는 브랜드 아파트 혹은 LH 등 공공 기관에서 분양하는 국민주택을 사기 위해서는 은행에서 '주택청약종합저축(청약통장)'에 먼저 가입해야 한다.

주택을 분양받고 싶다면 필수!

'청약'이란, 건설사에서 새로 짓고 있는 주택을 분양받고 매수하겠다고 의사를 표시하는 절차를 말한다. 주택을 사고자 하는 사람은 주택청약종합저축에 가입함으로써 주택을 분양받을 의사가 있음을 표시하는 것이다. 고객들 중 종종 청약통장을 만들면 바로 아파트가 생기는 것으로 오해하는 경우가 있다. 청약통장이 있다고 아파트를 그냥 주는 것은 아니다. 단지 새 아파트에 청약을 할 수 있는 자격이 생기는 것이다.

주택청약종합저축은 자유롭게 입금할 수 있는 적금 형식으로 가입할 수 있고, 한 번에 일시로 입금하는 예금 방식으로도 가입할 수 있다.

가입대상은 국민인 개인(국내에 거주하는 재외동포 포함) 또는 외국인이다. 전 금융기관에 걸쳐 1인당 1개의 청약계좌만 만들 수 있으며 미성년자나 주택 보유 여부, 세대주 여부와 관계없이 가입할 수 있다.

청약통장은 신분증을 가지고 지정된 은행에 방문하면 바로 만들 수 있다. 물론 인터넷이나 모바일뱅킹으로도 가능하다.

주택청약종합저축에 가입할 수 있는 은행 (총 9개)
우리은행 / KB국민은행 / IBK기업은행 / NH농협 / 신한은행 / KEB하나은행
대구은행 / BNK부산은행 / BNK경남은행

가입한 뒤에 일정 조건을 충족하면, 청약을 할 수 있는 1순위 권리가 생긴다. 1순위 조건은 민영주택과 국민주택에 따라 각각 다르다.

민영주택 청약 자격 1순위 조건

민영주택은 국민주택기금 지원을 받지 않고, 민영 건설사가

지어서 분양하는 주택을 말한다. 주변에서 볼 수 있는 건설사 브랜드 아파트들(래미안, 자이, 이편한세상, 푸르지오, 롯데캐슬 등)이 이에 속한다. 각 건설사는 금융결제원이 운영하는 인터넷 주택 청약 사이트 '청약홈(www.applyhome.co.kr)'에 분양 공고를 내며, 주택을 분양받고자 하는 사람은 여기에서 청약을 할 수 있다.

주택 청약 1순위 자격을 얻기 위해서는 아래 기준을 충족해야 한다.

1. **투기과열지구 및 청약과열지역:** 청약 가입 기간 2년 경과 시
2. **수도권:** 청약 가입 기간 1년 경과 시
3. **수도권 외:** 청약 가입 기간 6개월 경과 시

+ 청약예치 기준금액 충족

투기과열지구 및 청약과열지역이란, 주택 가격 안정을 위하여 정부에서 별도로 지정해 놓은 지역을 말한다. 이 지역은 일반적인 지역보다 1순위 조건이 강화되어 있다.

2020년 1월 현재 투기과열지구와 청약과열지역은 다음 페이지의 표와 같다. 사전 공고된 지역 외에도 특별히 청약 과열이 우려될 경우, 시 · 도지사가 청약 가입 기간을 연장할 수 있다.(수도권은 1년에서 2년, 수도권 외 지역은 6개월에서 1년으로 가능)

투기 과열 지구	- 서울시 전역 - 경기도: 과천시, 광명시, 하남시, 성남시 분당구 - 대구시: 수성구 - 세종시: 행정중심복합도시건설 예정 지역
청약 과열 지역	- 서울시 전역 - 경기도: 과천시, 성남시, 광명시, 구리시, 안양시 동안구, 용인시 수지구 전역, 하남시, 고양시, 화성시(반송동 · 석우동, 동탄면 금곡리 · 목리 · 방교리 · 산척리 · 송리 · 신리 · 영천리 · 오산리 · 장지리 · 중리 · 칭계리 일원에 지정된 택지개발지구에 한함), 남양주시, 광교 택지개발지구(수원시 영통구 이의동 · 원천동 · 하동 · 매탄동, 팔달구 우만동, 장안구 연무동, 용인시 수지구 상현동, 기흥구 영덕동 일원), 수원시 팔달구, 용인시 기흥구 내 공공택지 - 부산시: 해운대구, 수영구, 동래구 전역 - 세종시: 행정중심복합도시건설 예정 지역

청약예치기준금액은 청약을 하려는 지역과 평형에 따라 청약통장에 입금해야 할 최소한의 금액을 의미한다. 지역별, 면적별 예치금을 보자.

구분	청약 가능 전용 면적			
	85㎡ 이하	102㎡ 이하	135㎡ 이하	모든 면적
서울, 부산	300만 원	600만 원	1천만 원	1천 500만 원
기타 광역시	250만 원	400만 원	700만 원	1천만 원
기타 시, 군	200만 원	300만 원	400만 원	500만 원
기타 사항	선택한 전용 면적 이하의 면적에는 모두 청약 가능			

1순위 자격이 되어도 모두 원하는 주택을 분양받을 수는 없다. 1순위 자격을 가진 가입자가 워낙 많기 때문이다. 그래서 정부에서는 '청약 가점제'를 실시하고 있다. 오랫동안 집을 가지지 못한 사람, 가족이 많은 사람, 청약통장에 빨리 가입하여 오랫동안 분양을 기다린 사람일수록 당첨 확률을 높여주는 제도다.

민영주택은 무주택 기간(0~15년 이상, 32점 만점), 부양 가족 수(0~6명 이상, 35점 만점), 청약통장 가입 기간(0~15년 이상, 17점 만점)을 기준으로 산정된 점수가 높은 순으로 당첨자를 선정한다.

청약 가점은 '청약홈' 홈페이지의 '청약 가점 계산하기' 코너를 이용하면 쉽게 확인할 수 있다.

국민주택 청약 자격 1순위 조건

1. **투기과열지구 및 청약과열지역:** 청약 가입 기간 2년 경과 시
2. **수도권:** 청약 가입 기간 1년 경과 시
3. **수도권 외:** 청약 가입 기간 6개월 경과 시

+

1. 월 납입금 24회 이상 납입
2. 월 납입금 12회 이상 납입
3. 월 납입금 6회 이상 납입

국민주택은 국가나 지방자치단체, LH, 지방공사에서 건설하는 85m^2 이하의 주택(수도권, 도시 지역이 아닌 읍, 면 지역은 100m^2 이하)이다.

국민주택 청약을 위한 월 납입금은 정해진 날짜에 입금해야 한다. 청약통장 가입일이 입금 날짜가 되며, 입금이 제때 이뤄지지 않으면 연체 일수만큼 1순위가 되는 날이 뒤로 밀린다.

국민주택에 청약하기 위해서는 기본적으로 해당 청약지역에 거주해야 하고, 세대주 및 세대원(배우자, 자녀, 직계존속) 전원이 무주택 상태여야 한다. 동일한 주택이나 당첨자 발표일이 동일한 주택에 청약할 때는 한 세대에서 한 사람만 할 수 있다.

국민주택은 1순위 중 같은 순위 안에서 여러 사람이 청약을 할 경우에는 저축 총액과 납입 횟수가 많은 사람에게 순차적으로 공급한다. 그러므로 연체하지 않고 오랫동안 매월 약정일에 맞춰 입금해야 유리하다. 월 납입금은 최대 10만 원까지 인정된다. 청약통장에 매월 30만 원씩 2년 동안 입금했다 하더라도 청약 총액 인정 금액은 240만 원(10만 원 × 24개월)이다.

국민주택 역시 사전 공고된 지역 외에도 특별히 청약 과열이 우려될 경우, 시·도지사가 청약 가입 기간 조건을 수도권은 1년에서 2년으로, 수도권 외 지역은 6개월에서 1년으로 연장할 수 있다.

더불어 투기과열지구 및 청약과열지역의 경우, 다음 제한 사항에 해당되면 1순위 자격이 제한되어 2순위로 밀리게 된다.

■ **세대주가 아닌 경우**
세대주란? 주민등록상 생계를 같이 하고 있는 가족의 대표자를 말한다. 주민
등록등본을 발급해보면 윗부분에 세대주 성명이 표시되어 있다.
■ **과거 5년 내 주택에 당첨된 자의 세대에 속한 경우**
■ **2주택 이상을 소유한 세대에 속한 경우 (민영주택 청약 시)**

청약을 신청할 때는 청약통장을 가입한 은행을 방문하거나 '청약홈' 홈페이지에서 온라인으로 직접 신청할 수 있다. 온라인으로 신청할 때는 공인인증서가 필요하니, 사전에 준비하여 청약 당일 혹시 모를 혼선을 피하자.

주택을 분양받은 후 청약통장은?

주택을 분양받고 나면 기존 청약통장은 해지한 뒤 새롭게 청약통장을 가입해야 1순위를 다시 얻을 수 있다. 즉, 이미 청약에 사용된 기존 통장은 다시 청약에 사용할 수 없다. 또한 청약 당첨 후 개인사정으로 취소한 경우에도 청약통장을 사용한 것으로 간

주하므로 기존 청약통장을 다시 사용할 수 없다. '일단 지원하고 보자'는 '묻지마 청약'은 소중한 1순위 청약통장을 날려버릴 수 있으므로 신중해야 한다.

다시 한 번 청약통장을 이용한 주택청약 흐름을 정리해보자.

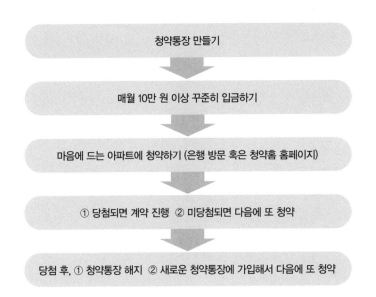

'만능청약통장'이라고도 불리는 주택청약종합저축은 2009년 5월 출시된 상품이다. 사실 '만능'이라는 호칭만큼 대단한 혜택이 있는 상품은 아니지만, 여전히 많은 장점을 갖고 있다.

먼저, 적금 또는 예금으로 운영할 수 있다. 매월 2만 원 이상(5천 원 단위) 50만 원까지 자유롭게 입금할 수 있고, 잔액이 1천 500

만 원 이내라면 1천 500만 원까지 한 번에 입금할 수 있다. 2020년 1월 기준, 청약통장에 적용되는 이율은 1년 미만 1%, 2년 미만 1.5%, 2년 이상 1.8%다.

둘째로, 청약통장은 소득 공제가 가능한 얼마 남지 않은 상품 중 하나다. 무주택 세대주 자격을 갖춘 연 급여 7천만 원 이하 근로소득자의 경우, 납입 금액(연 240만 원 한도)의 40%까지 소득 공제를 받을 수 있다.(최대 240만 원 × 40% = 96만 원을 소득에서 차감) 단, 소득 공제 혜택을 받기 위해서는 신분증을 지참하고 은행에 방문하여 '무주택확인서'를 작성해야 한다.

현재 우리나라의 분양 제도 아래서 새 아파트를 분양 받기 위해서는 청약통장이 필수다. 또한 지금 당장 청약에 대한 니즈가 없더라도 언젠가는 필요할 수도 있는 상품이므로, 이미 가입한 사람이라면 가급적 유지하는 것이 좋다. 혹시라도 급한 돈이 일시적으로 필요하면 바로 청약통장을 해지하지 말고 청약통장을 담보로 대출을 받아 자금을 마련할 수 있다.

주택을 가지고 있지 않으면서 청약통장에 가입되어 있지 않은 사람이라면, 내 집 마련을 위해 조금씩 준비한다는 생각으로 가입하길 바란다.

우리 아이 청약통장 언제, 얼마나 가입하면 좋을까?

부모가 자녀를 위해 아이가 학교에 들어가기 전부터 청약통장에 가입하고 입금하는 경우가 있다. 만 19세 이전에 청약통장에 입금한 것은 민영주택 청약 시 최대 2년까지만 가입 기간으로 인정되고, 국민주택 청약 시에도 납입 금액이 많은(최대 10만원) 순으로 24회 차까지만 인정된다. 그러므로 1세부터 19세까지 매월 청약통장에 입금한 것과 17세부터 19세까지 2년간 매월 청약통장에 입금한 것은 1순위 효력 면에서는 별반 다를 것이 없다.

주택청약종합저축은 어린 자녀 명의로 목돈을 만들어주기 위한 좋은 금융상품이지만, 한 번 넣으면 일부 금액은 인출할 수 없으므로 무리해서 너무 많은 금액을 입금할 필요는 없다.

숨은 고금리적금을 찾아라

초저금리 시대라고 하지만 특정 연령대, 특별한 신분을 가진 이들을 위한 고금리적금 상품들이 있다. 내가 받을 수 있는 혜택을 놓치고 있는 것은 아닌지, 눈을 크게 뜨고 살펴보자.

장병내일준비적금

오로지 군인들만을 위한 상품이다. 의무 복무를 하고 있는 군 장병들은 제대 후 학비나 취업 준비 비용이 필요하다. 이들을 위해 14개 은행에서 공동으로 장병내일준비적금을 시행하고 있다. 근래 나온 은행상품 중 보기 힘들게 세금을 전혀 내지 않는 '비과세 혜택'을 주고 있으며, 최고 기본 이자율 5%에 은행에서 제공하는 보너스 금리까지 합치면 6%까지 이자를 챙길 수 있는 고금리 적금이다.

가입 기간	6개월 이상	12개월 이상	15개월 이상
기본 이자율	4.0%	4.5%	5.0%

적금 이자와는 별개로 만기 시 국방부, 병무청으로부터 국가재정서비스로 연 1.0%의 추가 금리 혜택도 받을 수 있다.(단, 병역법 개정안 통과 시 적용됨)

이 상품에 가입하기 위해서는 '장병내일준비적금 가입 자격확인서' 원본을 소속 기관 또는 부대에서 발급받은 뒤 신분증과 함께 은행에 제출하면 된다. 가족이 대리로 가입할 때는 가족관계 확인 서류를 추가로 가져오면 된다. 인터넷뱅킹으로는 가입할 수 없고, 오로지 은행 창구에서만 가입할 수 있는 상품이다.

가입대상은 현역 병사, 상근예비역, 의무경찰, 해양의무경찰, 의무소방대원, 사회복지요원이며 신규 가입일 기준으로 남은 복무 기간이 6개월 이상인 경우에만 가입할 수 있다. 공익법무관,

공중보건의사, 병역판정검사의사는 가입대상에서 제외된다.

가입 기간은 6개월~24개월이며, '장병내일준비적금 가입 자격 확인서'에 기재된 전역 예정일(또는 소집 해지일)이 만기일로 지정된다.

가입 한도는 한 개의 은행에서는 월 20만 원, 여러 은행에서 가입할 때는 총합 월 40만 원 이내에서 자유롭게 입금할 수 있으며, 기존에 가입한 군인 관련 적금과는 별개로 가입할 수 있다.

만기 전 중도에 해지할 경우 비과세 혜택을 받을 수 없고, 중도해지이율이 적용되어 만기 금리와 보너스 금리를 모두 받을 수 없는 맹점이 있다. 그러므로 한 번 가입한 뒤에는 가능한 중도해지하지 않는 것이 좋다.

현재 비과세 혜택과 더불어 5% 넘게 금리를 제공하는 은행상품은 장병내일준비적금이 유일하다. 개인적으로 군 생활을 하는 동안 무조건 가입하라고 적극 추천하고 싶다. 본인이 시간이 안 되는 경우 부모님께 부탁하자.

'은행연합회 소비자포털사이트(portal.kfb.or.kr)'에서 은행별 금리를 비교하고, 우대 금리 조건도 확인할 수 있다.

청년우대형 청약종합저축

군인이 아니어서 소외감을 느끼는가? 여기 만 34세 이하 청년을 위한 또 다른 상품 '청년우대형 청약종합저축'이 있다. 이 상품은 2018년 7월에 출시되었으며 직전 연도 또는 가입 시점에 연소득 3천만 원 이하인 만 19세~34세의 청년을 대상으로 한다. 그런데 가입 조건이 조금 까다롭다. 자세히 알아보자.

- 나이가 많으면 가입할 수 없다. 단, 병역의무를 수행한 사람이라면 최대 6년까지 병역 복무 기간을 차감해주고 있으니 병역증명서를 제출하자.
- 신고 되는 소득이 3천만 원 이상이면 가입할 수 없다.
- 1년 미만 근로소득자는 1년 환산 소득이 3천만 원 초과되면 가입할 수 없다.
- 취업한 지 1개월 미만인 경우 가입할 수 없다. (소득 입증 서류가 있으면 가능)
- 전년도부터 가입 시점까지 휴직인 경우, 소득 증빙이 불가하므로 가입할 수 없다.
- 급여통장은 소득증빙 서류로 인정되지 않는다.
- 소득이 없는 대학생은 가입할 수 없다.

이 조건이 충족되었더라도 다음 추가 조건 3개 중 하나에 해당할 경우에만 최종적으로 상품에 가입할 수 있다.

① 본인이 무주택인 세대주

  – 주민등록 등·초본을 통해 가입일 현재 세대주 여부를 확인한다.

② 본인이 무주택이며 가입 후 3년 내 세대주 예정자

  – 상품 가입 후 3년 이내에 세대주를 확인할 수 있는 등·초본을 제출해야 한다.

③ 무주택 세대의 세대원

  – 세대원 전원이 무주택이어야 한다.

  – 주민등록등본 + 세대원 전원의 지방세 세목별과세증명서를 제출해야 한다.

※ ①, ②의 경우 세대주를 3개월 이상 연속으로 유지하였음을 입증해야 한다.

  – 주민등록등본 우측 상단에 있는 '세대 구성일'을 통해 확인 가능

이렇게 어려운 조건을 뚫고 가입 시 받을 수 있는 혜택에 대해 알아보자.

첫째, 이자를 더 받을 수 있다. 기본 이율(2020년 1월 현재 1.8%)에 우대 이율 1.5%를 더 받을 수 있다. 이 우대 이율은 가입일로부터 10년 안에 입금된 금액에만 적용되며, 최대 5천만 원까지만 받을 수 있다.

둘째, 세금이 없다. 2년 이상 유지할 경우 가입일로부터 총 이자 소득 5백만 원까지 비과세 혜택을 받을 수 있다.

셋째, 연말정산 시 소득공제를 받을 수 있다.

이미 일반 주택청약종합저축에 가입한 경우에도 청년우대형 청약종합저축 가입 자격을 갖추고 있다면 전환 가입할 수 있다. 기존 일반 청약을 해지한 후 전환 신청을 하면 되고, 기존 가입 기간은 모두 인정받는다. 원금에 대해서만 청년우대형 청약종합저축으로 전환되므로 해지하면서 이자는 찾아가면 된다. 이미 받은 소득공제에 대한 별도 추징은 없다.

청년우대형 청약종합저축에 가입할 수 있는 기한은 2021년 12월 31일까지이며, 최소 2만 원부터 자유롭게 입금할 수 있는 상품이므로 소액이라도 미리 가입할 것을 권한다.

제2금융권에
대하여

TV광고에서 '○○저축은행'이라는 문구를 본 적 있을 것이다. 저축은행은 일반 은행과 무엇이 다를까? 금융권은 제1금융권과 제2금융권으로 나뉘는데 이에 대해 자세히 알아보자.

제1금융권과 제2금융권

제1금융권은 예금을 받아 대출을 취급하는 전형적인 은행을 말한다. 신한은행, KB국민은행, KEB하나은행, 우리은행, IBK기

업은행 등 우리 주변에서 많이 볼 수 있는 은행이 이에 속한다. 제
1금융권에 해당하는 은행은 전국에 많은 점포를 가지고 있고, 제
2금융권에 비해 비교적 안정성이 높다는 특징이 있다.

DGB대구은행, BNK부산은행 등과 같은 지방은행과 정부의
특수한 목적을 위해 설립된 산업은행, 수출입은행, 농협중앙회 그
리고 인터넷 전문 은행인 카카오뱅크, 케이뱅크 등도 제1금융권
에 속한다.

제2금융권은 제1금융권에 해당하는 은행을 제외한 금융기관
이다. 저축은행, 증권회사, 보험회사, 카드회사, 새마을금고, 신용
협동조합, 단위농협 등이 제2금융권이다.

BANKer TIP

농협중앙회와 단위 농협 구분하기

간판에 '은행'이라는 글자가 포함되어 있으면 농협중앙회(제1
금융권)이고, '은행'이 빠져 있으면 단위농협(제2금융권)이다.

농협중앙회   단위농협

저축은행은 제1금융권의 일반 은행과
어떻게 다를까?

제2금융권 중 '저축은행'은 제1금융권과 같은 '은행'이라는 명칭을 쓰고 있어서 혼동하지 않도록 주의해야 한다.

저축은행의 전신은 '상호신용금고'다. 서민과 소규모 기업들에 금융 서비스를 제공할 목적으로 만들어진 상호신용금고는 대부분 영세한 규모로 운영되었다. 그러다 1998년 IMF외환위기 이후 많은 업체들이 파산을 맞았고, 살아남은 곳은 인수합병을 통해 규모를 키웠다.

그때까지만 해도 상호신용금고는 '사채업' 또는 '부실 금고'라는 이미지가 강했다. 이런 부정적인 인식에서 탈피하고자 명칭을 '상호저축은행'으로 바꾸었고, 2009년부터는 '상호' 명칭마저도 떼어낸 채 지금의 '저축은행'으로 불리게 됐다.

저축은행 대출은 제1금융권 은행보다 심사가 덜 까다롭고 한도도 높은 편이다. 대출 심사 시 요구하는 서류도 간소하다. 하지만 제1금융권 은행들보다 대출 금리가 높게 형성되어 있기 때문에 대출이 필요한 경우 제1금융권에서 먼저 상담하는 것이 좋다. 또 저축은행 대출 잔액이 있는 상태에서 제1금융권 은행 대출을 받으려면 대출한도나 금리 면에서 불리한 평가를 받을 수 있으니, 대출이 필요한 경우 여러 모로 제1금융권 대출을 선순위로 고려해야 한다.

제2금융권에서
대출을 받을 때는 신중하게

고객과 대출 상담을 하다 보면 저축은행 대출이나 카드론, 현금서비스 등 제2금융권에서 소액을 대출받은 기록이 있는 경우를 자주 볼 수 있다. 시중 은행에서 대출을 받지 않고, 제2금융권 대출을 받은 이유를 물어보면 대부분 이렇게 답한다.

"집(또는 회사)에서 가까워서요."

"서류 발급하기 귀찮아서요."

"소액이라 별 문제 없을 줄 알았어요."

아무리 적은 금액이라도 저축은행 또는 카드사의 대출 잔액(카드론, 현금서비스)이 있는 경우, 제1금융권 대출 심사 결과에 부정적인 영향을 미칠 가능성이 높다. 최근에는 제1금융권에서 대출을 신청할 때도 별도 서류 없이 모바일이나 인터넷뱅킹을 통해 대출 한도 및 금리 확인이 가능하니, 편하다는 이유만으로 제2금융권 대출을 덥석 받지 말자. 이미 제2금융권 대출이 있는 경우라면 제

1금융권 대출로 갈아타기를 적극 권유한다.

한편, 예금의 경우 저축은행의 금리가 제1금융권보다 비교적 높다. 제1금융권과 동일하게 저축은행도 최대 5천만 원까지 예금자보호*를 받을 수 있으므로 저축은행 예금에 대해 편견을 가질 필요는 없다. 다만 예금자보호 대상이라고 해도 무조건 안심할 수는 없는데, 그 이유는 다음 글에서 확인하자.

---

* 금융기관이 영업정지나 파산 등으로 고객의 예금을 지급하지 못하게 될 경우를 대비해 예금의 일정 금액을 보전해주는 제도.

은행이 망하면
내 돈은 어떻게 되나요?

'혹시, 은행이 망해서 내 돈이 모두 사라지면 어쩌지?'

통장 잔고가 늘어나는 것을 보면 행복하다가도 문득 이런 생각에 불안해진다. 그러나 너무 걱정할 필요는 없다. 은행에 맡겨둔 우리의 소중한 돈을 보호하기 위한 제도가 있으니 말이다.

예금자보호법이란?

은행들은 '예금자보호법'으로 고객들의 예금을 일정 부분 보호하고 있다. '예금자보호법'은 말 그대로 은행 등 금융기관에 돈을 맡긴 예금자들을 보호하기 위한 법이다. 왠지 '보호'라는 단어 때문에 어떤 일이 발생해도 내가 맡긴 돈은 안전할 것이라는 인상을 풍긴다. 하지만 결론부터 말하면 무한정 내 돈을 보호해주는 제도는 아니다.

고객이 은행에 돈을 맡기면 은행은 그 돈을 대출로 운영할 수 있다. 대출을 잘 운영해서 고객에게 이자로 돌려주면 아무런 문제가 없겠지만, 대규모 대출 부실*이 발생할 경우 은행은 고객에게 원금조차도 되돌려 줄 수 없는 상황이 된다. 이때 피해는 고스란히 고객이 지게 된다. 잘못은 은행이 했는데도 말이다.

이러한 피해를 막기 위해 은행은 '예금보험공사'라는 곳에 일종의 보험을 들고, 보험료를 내고 있다. 예금보험공사는 은행을 포함한 금융기관이 파산이나 부도 등 예상치 못한 사고를 당했을 때, 대신 고객에게 돈을 지급한다. 이것을 '예금자보호제도'라고 한다.

* 금융기관이 돈을 빌려주고 받지 못하는 일.

예금자보호대상 vs. 비보호대상

은행에서 판매하는 상품 중 예금자보호대상인 것들은 다음과 같다.

- 보통예금, 기업자유예금, 별단예금, 당좌예금 등 요구불 예금
- 정기예금, 저축예금, 주택청약예금, 표지어음 등 저축성예금
- 정기적금, 주택청약부금, 상호부금 등 적립식 예금, 외화예금
- 예금보호대상 금융상품으로 운용되는 확정기여형퇴직연금제도, 개인형퇴직연금제도 적립금
- 개인종합자산관리계좌(ISA)에 편입된 금융상품 중 예금보호 대상으로 운용되는 금융상품
- 원본이 보전되는 금전신탁 등

반면, 예금자보호대상 외 상품도 있다.

- 양도성예금증서(CD), 환매조건부채권(RP)
- 금융투자상품(수익증권, 뮤추얼펀드, MMF 등)
- 특정금전신탁 등 실적배당형 신탁
- 은행 발행 채권
- 주택청약저축, 주택청약종합저축 등

주택청약종합저축이 예금자보호 대상 외라는 것이 의아할 수도 있겠다. 하지만 주택청약종합저축에 가입하는 금액은 은행에 맡기는 것이 아니라 국가가 운영하는 주택도시기금으로 운영되어, 은행이 파산해도 보전되므로, 굳이 예금자보호 대상일 필요가 없는 것으로 봐야 한다.

예금자보호제도에는 몇 가지 기억해야 할 특징이 있는데, 먼저 보호 한도가 원금과 이자를 합해 5천만 원까지라는 것이다. 예를 들어 은행에 4천 9백만 원을 맡겨서 만기 시에 받을 금액이 이자까지 5천 1백만 원일 경우, 은행이 파산하면 1백만 원을 제외한 5천만 원까지만 보호를 받을 수 있다.

그럼 1백만 원은 영영 받지 못할까? 다른 채권자들과 함께 파산 소송에 참여하면 일부 금액을 배당받을 수 있다. 그러나 최종적으로 배당금을 받기까지는 일정 시간이 지나야 한다. 그때까지 시간 손실과 마음고생은 모두 개인의 몫이다.

한편, 보호 한도인 5천만 원은 금융기관별 한도이다. 그러므로 1억 원을 5천만 원씩 2개 은행에 분산해서 맡겨 놓으면 전액 보호받을 수 있다.

은행이 망해도
이자를 받을 수 있을까?

예금보험공사 홈페이지에는 다음과 같이 적혀 있다.

'2001년 1월 1일 이후 금융회사에 보험사고(영업 정지, 인가 취소 등)가 발생하여 파산할 경우, 보험금지급공고일 기준의 원금과 소정의 이자를 합하여 1인당 최고 5천만 원(세전)까지 예금을 보호하고 있습니다.'

위 문장에서 '소정의 이자'란 약정 이자와 공사 결정이자(예금보험공사가 시중 은행 1년 만기 정기예금의 평균금리를 감안하여 정한 이자) 중 적은 금액을 말한다. 즉, 은행에서 제시한 예금 금리가 적용되는 게 아니라 공사에서 따로 계산한 금리가 기준이 된다는 뜻이다. 이런 경우 저축은행이 갖고 있는 이자 메리트가 없어진다.

예금상품 외 다른 투자상품은
어떻게 보상 받을까?

운용 실적에 따라 수익 또는 손실을 볼 수 있는 '펀드'는 당연히 예금자보호대상이 아니다. 다만, 펀드 자산은 펀드를 취급한 금융 회사의 고유 자산과 별도로 분리되어 보관되므로, 펀드를 가입한 은행이 망해도 돈이 사라지지는 않는다.

끝으로 우체국 예금이나 새마을금고 예금은 예금보호법상 대상은 아니나 각 기관별로 별도의 기금을 적립하여 예금자를 보호하고 있다. 우체국 예금의 경우 '우체국 예금·보험에 관한 법률'에 의하여 정부가 지급을 보장하고 있으며, 새마을금고 예금은 '새마을금고법'에 따라 새마을금고중앙회에 설치된 예금자 보호 준비금을 통해서 보호하고 있다.

열심히 모은 돈이 사라진다면? 생각만 해도 끔찍하다. 특히 원금 손실을 우려해 예금 위주로 안전하게 자금을 운영하는 사람이라면 더욱 그럴 것이다. 이번 기회에 각 은행의 잔고를 확인하고, 금융기관별로 최대 5천만 원씩 분산 가입 원칙을 세우자.

'예금자보호를 받기 위해서는 한 금융기관 당 최대 5천만 원!' 다시 한 번 꼭 기억하길 바란다.

부자가 될 수 있는 기회는 누구에게나 열려 있다.
이런 시대에 단순히 자신의 직업에 안주해 월급만 받는 건 충분치 않다.
당신이 하고 싶은 걸 하고, 가고 싶은 곳에 가고, 갖고 싶은 걸 갖기 위해서는
반드시 지혜롭게 저축하고 투자해야 한다.

— 윌리엄 오닐(William J. O'Neil), 미국 투자자

3장

··· 은행에서 재테크 시작하기

은행원이 쉽게 풀어 쓴
펀드 이야기

회사원 상욱 씨는 새 차를 사기 위해 적금을 가입하려고 한다. 하지만 만기 때 받는 금액이 예상했던 것보다 훨씬 적을뿐더러 얼마 되지도 않는 이자에 세금까지 제한다고 해서 적금 가입을 망설이고 있다. 어떻게 돈을 모을지 고민하는 상욱 씨에게 옆자리에 있는 차장님이 무심하게 말을 건넨다.

"요즘은 펀드를 많이 하는 거 같던데? 나도 얼마 전에 가입했는데 수익률이 금방 10%까지 오르더라고."

"예? 10%요?"

수익률 10%는 상욱 씨가 알아본 적금 이자의 3배가 훨씬 넘는 수익률이다. 상욱 씨도 펀드에 가입하려고 은행을 찾았지만, 원금에서 손실이 날 수 있다는 은행원의 말이 걸려 선뜻 가입할 용기를 내지 못하고 있는 상태였다. 하지만 수익률이 10%가 넘는다는 말을 듣는 순간 마음이 확 기울어 곧바로 가입하고 말았다.

펀드에 가입하고 얼마 동안은 매일매일이 즐거웠다. 주변에서는 코스피 지수가 3,000포인트를 돌파하는 건 시간문제라는 말까지 나왔다. 상욱 씨는 코스피 지수와 본인이 가입한 펀드가 어떤 관련이 있는지 정확히 알 수 없었지만, 은행 어플리케이션을 통해 하루가 다르게 늘어가는 평가 잔액을 확인하는 것만으로도 배가 불렀다. 하지만 즐거움도 잠시. 매일 상승할 것만 같았던 코스피 지수는 어느샌가 하락 추세로 돌아섰고, 2,000선 아래로 떨어질 지도 모른다는 뉴스가 나오고 있었다. 상욱 씨의 펀드도 매일이 하락세였다. 이제는 쌓여가는 손실 금액을 확인하는 게 무서워 은행 어플리케이션을 켜지도 않는다. '이럴 바에야 그냥 적금을 가입할 걸' 펀드를 권유한 차장님이 원망스럽기만 하다.

'초심자의 행운(Beginner's luck)'은 초보자가 처음 도전하는 일에 뜻밖의 행운으로 성공에 이르는 경우를 말한다. 상욱 씨도 펀드에 처음 가입하고 수익이 날 때는 자신이 펀드 투자에 소질이 있고, 언제까지나 상승세가 이어질 것이라고 믿었다. 그러나 초심자의 행운은 길지 않았다. 지금 상욱 씨는 수익은 아무래도 좋으니 원금만이라도 건지고 싶은 마음일 것이다.

펀드는 현재 수익이 나고 있어도 환매(해지)해서 내 손으로 들어오기 전까지는 아무 것도 확정된 것이 없다. 또 지금 수익이 나고 있어도 언제든 손실로 바뀔 수 있는 상품이다. 펀드는 '원금 손실 가능성' 때문에 다른 금융상품보다 더욱 상품에 대한 정확한 이해가 필요하다. 펀드투자를 시작하기 전에 꼭 알아야 할 펀드의 기본 개념을 짚어보자.

펀드는 어떤 상품인가요?

펀드(fund)는 불특정 다수의 자금을 모아 전문투자가에게 투자를 의뢰하고, 발생하는 수익을 나눠 가지는 '실적 배당형' 상품이다. 은행에서 펀드상품에 가입하고, 돈을 입금하면 전문가인 펀드매니저가 대신 주식, 채권 등에 투자하면서 내 돈을 운영해준다. '실적 배당형' 상품이라는 것은 운영 실적이 좋으면 수익이 발생하여 배당을 받을 수 있지만, 실적이 나쁠 경우 원금에서 손실이 날 수 있다는 뜻이다.

손해를 볼 수 있는데도 사람들이 펀드에 가입하는 이유는 무엇일까? 주식, 채권 등에 대한 지식이 없어도 자산운용회사의 전문성 있는 투자를 통해 수익을 기대할 수 있기 때문이다. 펀드는 직접 투자보다 위험 부담이 적고, 예금에 비해 높은 수익률을 기대할 수 있다. 또한 적은 돈으로 우량 주식에 투자할 수도 있다.

펀드는 예금, 적금 등 다른 은행상품과 같이 신분증과 돈만 있으면 은행 또는 증권회사에서 가입할 수 있다. 물론 온라인이나 모바일로 가입할 수도 있지만 처음 펀드에 가입하거나 익숙하지 않은 사람이라면 전문가 상담을 통한 창구 거래를 추천한다.

펀드를 환매(해지)할 때도 마찬가지로 가입한 금융기관에 방문하거나 인터넷뱅킹, 모바일뱅킹으로 환매 신청을 하면 된다. 단, 펀드에 가입하고 일정 기간 내 환매하는 경우에는 수수료가 부과되니 상품에 가입할 때 '환매 수수료' 부분도 잘 살펴보자. 환매 수수료는 펀드의 잦은 환매를 막고 안정적으로 펀드를 운영하기 위한 것이다.

내 펀드가 수익이 났는지
알 수 있는 방법은?

펀드의 가격이라고 할 수 있는 '기준가격'을 매일매일 공시한다. 기준가격을 통해 내가 가입한 펀드가 수익을 내고 있는지 손실을 보고 있는지 알 수 있다. 예를 들어 펀드를 가입할 때 기준가격이 1천 원이었는데, 그 뒤 상승하여 1천 100원이 되었다면 현재 펀드수익률은 10%가 되는 것이다. 기준가격은 하루에 한 번씩 계산되는데, 이 기준가격 변동에 따라 펀드 수익률이 상승 또는 하락한다.

일반 통장을 정리하듯이 펀드통장을 정리하면 매일매일 기준가격이 정리되어 표시된다. 은행 홈페이지 및 어플리케이션을 통해 일정 기간(1개월, 3개월, 1년 등) 동안의 기준가격을 그래프로 확인할 수 있으므로 가입하려는 펀드가 얼마나 오랫동안 상승 추세를 유지하는지 또는 하락 추세로 돌아섰는지 확인할 수 있다.

펀드를 세는 단위를 '좌'라고 하는데, 지금 가지고 있는 펀드 좌수의 합계를 '잔고좌수'라고 한다. 잔고좌수는 내가 보유한 펀드의 수량을 나타내며, 펀드통장을 정리하면 기준가격과 함께 잔고좌수가 표시된다.

펀드의 종류를 알아보자

펀드로 모인 돈을 어디에 투자하느냐에 따라 국내에 투자하면

'국내펀드', 해외에 투자하면 '해외펀드'라고 한다. 처음 펀드를 투자할 때는 해외펀드보다는 시장 정보를 많이 얻을 수 있는 국내펀드를 우선 추천한다. 국내펀드가 익숙해진 뒤에 해외펀드로 투자 지역을 확대해보자.

또한 펀드에 투자하는 자산의 비중에 따라 '주식형', '채권형', '혼합형'으로 구분할 수 있다.

1) 주식형: 펀드로 입금된 금액의 60% 이상을 주식에 투자하는 펀드다. 펀드 이름을 보면 투자하는 종목과 나라를 알 수 있다.(이에 대해서는 뒤에서 더 자세히 다루겠다.) 가입하려는 펀드 이름에 '주식형'이라는 말이 있으면 '변동성이 다른 상품보다 크겠구나.', '많은 수익이 나서 행복할 수도 있지만, 언제든 손실이 발생할 수도 있으니 조심해야겠구나.'라고 생각하면 된다.

2) 채권형: 펀드로 입금된 금액의 60% 이상을 채권에 투자하는 펀드다. 채권은 주식보다 생소하게 느껴질 수 있는데, 예를 통해 채권의 개념을 알아보자.

서진이는 친구 은주에게 만 원을 빌려달라고 한다. 한 달 뒤에 갚을 건데 매주 백 원씩 이자를 주겠다며 이러한 내용이 담긴 차용증을 은주에게 건넨다. 이때 서진이는 채권을 발행하는 기업이나 정부이고, 돈을 빌려줄까 말까 고민하는 은주는 채권의 투자자로 볼 수 있다. 은주 입장에서는 돈을 빌려주기 전에 친구 서진이가 매주 이자를 잘 줄지, 한 달 뒤에 만 원을 제대로 갚을 수 있을지, 서진이의 평소 행실이 어땠는지 생각해 볼 것이다.

마찬가지로 채권형펀드 투자자는 투자를 결정하기 전에 채권 발행 주체의 신용 등급이 우량한지, 유동성에 문제가 없는지 등을 면밀히 살펴야 한다.

주식형펀드는 주가에 따라 수익률이 변동되지만, 채권형펀드는 금리의 영향을 받는다. 즉, 금리가 하락하면 수익률은 상승하고 금리가 상승하면 반대로 수익률은 하락한다. 일반적으로 금리 변동 폭은 주가보다 크지 않으므로 채권형펀드는 주식형펀드보다 위험이 낮고 안정적인 수익을 기대할 수 있는 상품이다.

3) 혼합형: 주식과 채권을 혼합하여 운영하는 펀드다. 주식에 투자하는 비중이 50% 이상이면 '주식혼합형펀드', 채권에 투자하는 비율이 50% 이상이면 '채권혼합형펀드'로 분류한다.

펀드의 투자 방식

펀드 투자 방식은 크게 '적립식'과 '거치식'으로 나눈다.

'적립식 투자'는 은행의 적금과 유사한 방법으로, 일정 기간에 일정한 주기로 일정한 금액을 펀드에 투자하는 방법이다. 적립식 펀드에 가입하려면 적금에 가입할 때처럼 매월 몇 일에 얼마씩 입금을 할 지 결정한다. 형식은 적금과 비슷하지만 적금과 같이 정해진 금리를 주는 상품이 아니므로 어느 정도 목돈이 쌓이고 원하는 목표 수익률에 도달하면 환매해야 한다.

'거치식 투자'는 은행의 정기예금과 같이 한꺼번에 목돈을 투자하는 방법이다. 한 번에 펀드에 입금하므로 가입하는 시점의 기준가격이 중요하다. 기준가격이 낮을 때 펀드에 입금하고, 높을 때 환매해야 더 큰 수익을 얻을 수 있기 때문이다.

지금까지 알아본 기본 개념을 토대로 상욱 씨의 펀드투자에 대해 리뷰해보자.

1) 매월 금액을 자동이체하고 있으므로 거치식이 아닌 적립식 펀드를 가입했다.

2) 가입 초기에 수익을 내다가 지금은 손실이 나고 있으므로, 펀드 기준가격이 최근 하락한 것으로 보인다. 해지하지 않은 상태이

므로 앞으로 손실이 더 커질 수도, 수익으로 돌아설 수도 있다.

3) 코스피 지수의 등락에 따라 수익이 달라지는 것으로 보아 국내 주식형 펀드상품에 가입했을 것이다.

상욱 씨가 지금 선택할 수 있는 방법은 세 가지다. 첫째는 환매(해지)를 해서 원금 손실을 확정하는 방법이다. 둘째는 수익이 플러스로 돌아설 때까지 기다리는 것인데, 인고의 시간이 필요한 선택이다. 마지막은 추가 입금을 통해 기준가격을 낮추는 방법이다. 향후 주식시장이 지금보다 더 많이 하락한다면 첫째가 가장 좋은 선택이고 주식시장이 하락을 멈추고 상승세로 전환된다면 둘째와 셋째가 좋은 선택이 될 것이다. 하지만 아무도 미래를 정확히 예측할 수 없기에 이러한 선택 자체가 무의미할 수 있다.

시간을 되돌릴 수는 없지만 상욱 씨는 펀드 가입 전에 본인이 가입한 펀드가 어떤 수익구조를 갖고 있는지, 본인이 투자할 수 있는 기간과 목표로 하는 수익률은 어느 정도인지 그리고 최종적으로 본인의 투자 성향과 펀드가 잘 맞는 상품인지에 대해 보다 더 신중하게 고민했어야 했다.

펀드 투자하기 전에
꼭 알아야 할 3가지

은행에서 판매하는 상품에는 공통점이 있다. 모든 사람의 니즈(Needs)를 동시에 만족시키는 상품은 없다는 것이다.

직장인에게 어울리는 상품이 사업을 하는 이들에게는 적합하지 않을 수 있고, 20대에게 적극 추천하는 상품이 40대에게는 유리하지 않을 수 있다. 무슨 일이 있어도 원금은 보장돼야 한다는 투자 성향을 가진 사람에게는 주가가 아무리 폭등해도 안정적인 예금이 최고의 상품이 될 테고, 고위험-고수익의 공격적인 성향을 가진 사람에게는 예금보다 펀드나 주식 등 투자상품이 더 적합할 것이다.

결국 중요한 것은 각자 자신의 투자 성향을 우선 파악하고 그에 맞는 상품에 가입하는 것이다.

나를 먼저 파악하자

펀드는 예금이나 적금처럼 만기에 받는 이자가 정해져 있지 않다. 투자 성과에 따라 원금 손실이 날 수 있음을 항상 명심해야 한다. 은행에서 펀드를 판매했던 초기에는 종종 펀드에 가입하고 매일 지점으로 전화하는 고객들이 있었다. 마이너스인지 혹은 얼마나 수익이 났는지 확인하기 위해서인데, 응대하는 직원도 힘들지만 펀드 가입 후 하루하루 불안한 마음으로 보내는 것은 고객에게도 결코 좋지 않다.

실제로 투자상품에 가입해보지 않고서는 내가 공격적인 투자자형인지, 안정 지향형인지 알 수 없다. 그래서 은행에서는 투자 성향을 미리 진단할 수 있는 설문을 제공하고 있다. 설문을 완료하면 안정형에서 공격투자형까지 본인이 어디에 속하는지 확인할 수 있다.

출처: 국민은행 홈페이지

- '안정형'은 원금 보전을 추구하는 스타일로 예 · 적금이나 국채에 투자하는 MMF 상품에 가입하는 것이 좋다.
- '위험중립형'은 안정형과 공격투자형의 중간 정도 위치의 투자 성향으로, 혼합형펀드나 대형주 위주의 펀드 또는 선진국에 투자하는 펀드가 어울린다.
- '공격투자형'은 안정형의 정반대로, 투자 자산의 대부분을 주식 등 위험 자산에 투자할 의향이 있는 성향이다. 시장 수익률 대비 초과 수익을 목표로 하는 액티브펀드나 레버리지펀드가 맞다.

투자 성향은 시간이나 상황에 따라 변할 수 있으므로 주기적으로 성향 분석을 해보는 것이 좋다. 확신이 서지 않을 경우, 일단 소액으로 투자해봄으로써 상품과 자신의 투자 성향이 맞는지 더 정확히 확인할 수 있다.

한쪽 성향에 치우친 상품만 가입하는 것이 아니라, 안정형 상품과 중립형 상품, 그리고 공격투자형 상품에 금액을 배분해서 가입하는 것도 위험을 분산할 수 있는 좋은 방법이다.

시간에 투자하자.
펀드 만기는 절대로 3년이 아니다

전문가라 불리는 사람들도 금융 시장에 대한 예측이 틀리는 경우가 빈번하다. 지금 당장 포털사이트에서 내년 주식 전망을 검색해보자. 한쪽에서는 상승을, 다른 한쪽에서는 하락을 예상하는 뉴스를 동시에 볼 수 있을 것이다. 하물며 일반인이 경제를 예측하고 오를 만한 펀드상품을 골라 가입한다는 것은 거의 불가능에 가깝다. 하지만 분명한 건 경기는 순환되고 반복되므로 하락장이 있으면 상승장도 당연히 있다는 것이다.

펀드는 짧은 기간에 큰 이익을 내기 위한 상품이 아니라, 중장기 투자에 적합한 상품이라는 것을 다시 한 번 강조하고 싶다.

일반적으로 경제는 3년을 주기로 나빴다 좋았다를 반복한다고 한다. 지금 경기가 좋지 않아도 3년 정도 시간이 지나면 다시 상승세로 돌아설 가능성이 높다는 것이다. 이러한 논리를 펀드에 대입하면 지금 손실이어도 3년 이상 투자할 경우 수익을 낼 가능성이 높다고 해석할 수 있다. 은행에서 펀드를 판매할 때도 3년 이상 중장기 투자를 권한다.

한편, 적립식 펀드의 최소 가입 기간이 3년으로 설정된 상품이 많기에 펀드 만기를 3년으로 오해하는 고객들이 많다. 심지어 가입 후 3년이 되면 자동으로 해지되는 것으로 잘못 알고 있는 고객도 많다. 펀드는 만기가 없을뿐더러 3년이 지나도 자동으로 해지되지 않는다. 가입 기간 3년이 지나도 펀드는 여전히 운용된다. 또 별도로 환매 기간에 대한 제한이 없는 경우, 본인이 목표로 하는 수익이 났다면 언제든 해지할 수 있다.

펀드에 가입할 때는 손실이 나더라도 시간을 두고 다시 수익으로 돌아올 때까지 기다릴 수 있는 자금인지 꼭 따져봐야 한다. 시간에 투자할 수 있는 자금이라면 펀드 가입을 적극 추천한다.

목표수익률을 설정하고, 도달했을 때는 과감히 환매하자

적립식펀드 이야기를 할 때 꼭 나오는 단어가 '코스트에버리지(Cost Average)'이다. 코스트에버리지는 '매월 일정한 금액을 펀드에 입금하면 차례로 금액이 쌓이면서 펀드 기준가격을 낮추는 효과'를 말한다. 결국 낮아진 기준가격만큼 손실 폭이 줄고, 상승할 때는 더 큰 수익을 기대할 수 있다. 하지만 이 코스트에버리지가 효과를 보기 위해서는 ①의 경우 같이 기본적으로 상승 시장*에

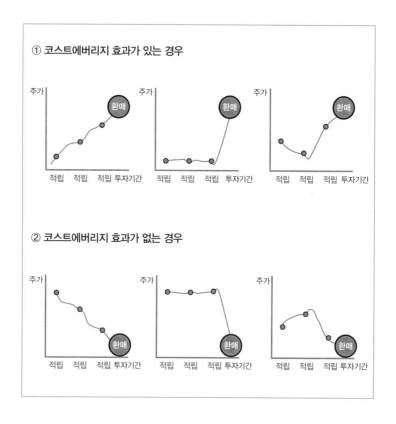

* 주가지수가 오르는 상황. 일반적으로 경제 활황기를 뜻한다

서 환매를 해야 한다. ②와 같이 하락 시장에서 환매할 경우에는 손실이 나는 것을 막을 수 없다.

코스트레버리지가 보다 효과적으로 펀드 투자를 할 수 있도록 돕는 것은 맞다. 하지만 펀드가 원천적으로 갖고 있는 원금 손실 위험을 완전히 없애는 방법이 아닌 만큼, 투자 기간 동안 시장에 관심을 가지고 있어야 한다.

펀드 환매 타이밍을
놓치지 않기 위한 팁

펀드 투자로 수익을 낸 고객이 펀드를 환매해야 하는지 문의하는 경우가 있다. 당시 시장 상황을 토대로 지극히 주관적인 의견을 낼 수는 있지만, 그보다 우선인 것은 고객의 '목표수익률'이다. 펀드에 가입할 당시에 어느 정도의 수익률을 목표로 했는지 먼저 고객에게 묻는다. 그리고 고객이 목표로 한 수익률에 도달한 경우라면 가급적 환매를 권유한다.

누누이 강조한 것처럼 펀드는 은행 적금과 달리 정해진 수익을 돌려주는 상품이 아니므로 시장 흐름에 따라 받는 돈이 달라진다. 그러므로 펀드에 가입할 때는 얼마 정도 수익에 도달하면 해지하겠다는 정확한 목표 수익률을 설정해야 한다. 하지만 말이 쉽지, 수익이 나고 있는 펀드를 단칼에 환매하기가 쉽지는 않다. 수익이 나면 계속 오를 것 같은 막연한 기대감이 생기기 때문이다. 이런 사람에게는 은행에서 제공하고 있는 '목표 달성 자동 환매'와 '부분 환매' 서비스 이용을 추천한다.

목표 달성 자동 환매 서비스는 가입 시 본인이 정한 목표 금액이나 수익률에 도달하면 별도의 환매 절차 없이 자동으로 펀드가 해지되는 서비스다. 이를 이용해서 투자자는 환매 타이밍에 대한 고민을 덜고 목표하는 수익을 확정할 수 있다.

부분 환매 서비스는 가입한 전체 금액을 해지하는 것이 아니라, 가입자가 지정한 일부 금액만 환매하는 것이다. 물론 최고점에서 전액 환매하는 것이 가장 이상적이겠지만 그 시점을 아무도 알 수 없기 때문에, 전체 자금이 아닌 일부 금액을 분할 환매하여 시행착오를 줄이는 방법이다.

세상에
공짜 펀드는 없다

진이 씨는 만기가 된 적금을 해지하기 위해 은행에 갔다. 상담을 해
준 은행원은 만기 해지 금액 중 일부를 펀드에 가입해보라고 권한
다. 진이 씨는 이번에 만기되는 적금은 사용처가 딱히 정해지지 않
은 여유자금이라 큰맘 먹고 일부 금액을 펀드에 가입했다.

목표로 생각하는 수익률을 미리 결정해야 환매 시점을 놓치지 않
는다는 은행원의 말에 따라 우선 정기예금 이율의 3배 정도 되는
6%를 목표수익률로 등록했다. 은행원은 내가 가입한 펀드가 6%
수익률에 도달하면 자동으로 문자메시지가 간다는 설명과 함께 하
루하루 수익률에 지나치게 연연하지 말라는 당부의 말을 했다.

다음 날 진이 씨는 은행ATM기에 어제 가입한 펀드 통장을 정리해 봤는데, 통장에 표시되는 투자금액이 처음 입금한 금액보다 적게 표시되어 의아했다. 가입할 때 은행에서 받은 투자설명서를 찾아보니 '선취판매수수료'라는 것이 눈에 띄었다. 가입한 금액에서 처음부터 수수료를 바로 차감하니 왠지 손해 보는 느낌이 든다.

펀드에 가입한 고객은 수익률뿐만 아니라 펀드와 관련된 수수료와 보수에 대해서도 알고 있어야 한다. 수수료와 보수는 고객이 받을 수 있는 금액에서 비용으로 차감되므로, 실질적으로 받는 돈이 줄어들기 때문이다.

처음 펀드상품에 가입한 사람이라면 진이 씨처럼 펀드와 관련된 비용이 왜 발생하는 지 궁금할 수 있다.

고객의 돈을
대신 운용해주는 비용

펀드는 은행이 직접 운영하는 것이 아니라, 자산운용사를 통한다. 그러므로 고객의 돈을 대신 운용해주는 것에 대한 비용이 발생한다.

펀드 관련 비용에는 수수료(commission)와 보수(fee)가 있다.

수수료는 '판매수수료'와 '중도환매수수료'가 있는데, 펀드 가입 기간 동안 한 번만 지급하면 된다.

판매수수료는 다시 선취판매수수료와 후취판매수수료로 나뉜다. 선취판매수수료는 '가입금액의 1%'처럼 처음 펀드에 가입할 때나 추가로 입금할 때 낸다. 후취판매수수료는 환매, 즉 펀드를 해지할 때 지급한다.

예) 선취판매수수료가 1%인 펀드에 1천만 원을 가입할 경우, 펀드에 투자되는 금액은 수수료 1%를 제외한 990만 원이 된다.

중도환매수수료는 펀드 계약 기간 내 중도환매 시 부과되는 수수료다. 앞서 정의했듯, 펀드는 불특정 다수의 돈을 투자 목적으로 모은 것이다. 그런데 돈을 맡긴 사람들이 수시로 펀드를 해지해 돈을 빼가면, 투자를 하는 펀드매니저 입장에서는 안정적으로 자금을 운용할 수 없다. 이러한 맥락에서 투자자의 장기 투자를 유도하고, 펀드가 정상적으로 운영되게 하기 위해 부과되는 수수료가 중도환매수수료이다.

참고로 중도환매수수료는 펀드를 판매한 은행이나 펀드를 운영하는 자산운용사가 가져가는 것이 아니라 해당 펀드에 재투자된다. 즉, 환매하지 않고 남아 있는 투자자들의 몫이 되는 것이다.

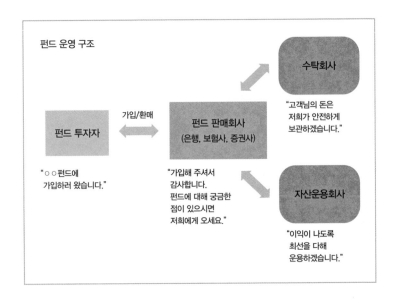

수수료는 펀드가 운영되는 기간에 한 번만 내면 되는 일회성 비용인 반면 보수(fee)는 매년 반복적으로 지급하는 비용이다.

보수의 종류에는 펀드 관련 주요 업무를 담당하는 판매회사, 수탁회사, 자산운용회사에게 각각 지급되는 '판매보수', '수탁보수', '운영보수'가 있고 기준가격 산출 등 펀드 관련 사무업무를 담당하는 회사에 지급하는 '사무보수'가 있다.

보수는 수수료처럼 통장에서 빠져나가는 것이 아니라 펀드의 기준가격에 반영되므로 별도로 신경 쓰지 않으면 보수가 얼마나 지급되었는지 확인하기 어렵다.

1) **판매보수**: 고객이 펀드에 가입할 때 판매를 담당하고 있는 은행, 증권사, 보험사에 지급하는 비용이다.

2) **수탁보수**: 수탁(受託)회사는 펀드에 가입한 고객들의 돈을 안전하게 보관하는 역할을 한다. 자산운용회사에서 수탁회사에 매매를 지시하면 그에 따라 고객의 돈을 주식이나 채권 등에 투자한다.

'자산운용회사가 돈도 보관하고 자산 운영도 같이 하면 수탁보수를 절약할 수 있지 않을까?'라고 생각할 수도 있다. 그렇게 하면 자산운용회사가 망했을 때 펀드 가입자들은 투자자금을 영원히 회수할 수 없다. 투자자들의 자금 보호를 위해 수탁회사에 펀드자금을 보관하며, 수탁보수는 이 역할을 맡기는 비용으로 이해하면 된다.

3) **운용보수**: 자산을 불리는 역할을 하는 자산운용회사에 지급하는 보수이다. 자산운용회사는 주가가 오를 것으로 예상되는 종목을 선정하며, 투자 대상 회사에 대한 조사, 유망 지역에 대한 자

산 배분 등 실질적으로 펀드의 수익률을 결정짓는 투자 결정을 한다.

수수료 절약하는 꿀팁

펀드 투자기간이 짧다면 펀드 보수가 비용에서 차지하는 비중은 낮다. 그러나 장기투자가 대부분인 펀드상품의 특성을 감안하면 매년 부과하는 보수는 결코 무시할 만한 수준이 아니다. 그러므로 가입할 때 투자설명서를 통해 펀드상품의 보수 체계를 정확히 파악해야 한다.

펀드슈퍼마켓 홈페이지(www.fundsupermarket.co.kr) 등을 통해 인터넷 전용으로 펀드를 가입하면 판매 회사를 거치지 않고 직접 펀드를 가입하게 되므로 수수료를 절약할 수 있다. 투자기간을 짧게 할 예정이면 1회성 비용인 펀드수수료가 낮은 상품을 고르는 것이 유리하고, 3년 이상 장기투자를 위한 펀드는 매년 부과되는 보수가 낮은 상품을 선택하는 것이 좋다.

벗어날 수 없는 세금!

수수료와 보수를 지급했다고 모두 끝난 게 아니다. 아직 '세금'이 남아 있다.

> 펀드 수익 – 수수료 – 보수 – 세금 = 펀드 가입자가 받는 수익

펀드 수익은 주식을 싸게 사고 비싸게 팔 때 발생하는 '주식매매차익', 주식 보유로 인해 발생하는 '배당수익', 채권을 산 뒤 금리 하락 영향으로 채권을 비싸게 팔 때 생기는 '채권매매차익', 채권발행자가 채권투자자에게 주는 '이자수익'으로 구성된다. 이 중 첫째, '주식매매차익'에는 세금이 붙지 않는다. 그리고 나머지 세 개의 수익에는 공통적으로 15.4%의 세금이 부과된다.(단, 해외펀드의 경우 주식매매차익을 포함하여 모든 소득에 배당소득세 15.4%를 과세함)

앞서 진이 씨가 가입한 상품이 국내 주식형펀드이고, 수익이 1천만 원 발생했다고 가정해보자. 1천만 원 중 9백만 원은 주식매매차익에서 발생했으며 1백만 원은 배당수익이라고 하면, 진이 씨가 부담하는 세금은 배당수익 1백만 원의 15.4%인 15만 4천 원 뿐이다.

만약 주식형펀드가 아닌 일반 예금상품이나 채권형펀드라면 발생 수익 1천만 원 전체에 대한 15.4%인 154만 원을 세금으로 내야 한다. 때문에 세금에 민감하거나 금융 소득이 많은 투자자라면 절세를 위해 주식형펀드에 가입하는 것도 좋다.

수익이 마이너스여도 세금을 낸다고요?

펀드에 대한 세금은 발생하는 수익의 원천별로 부과되다 보니, 손실을 봤는데도 세금을 내야 하는 경우가 있다. 예를 들어, 혼합형펀드에 가입했는데 주가 하락으로 인해 주식매매에서 손실이 5백만 원 발생하고, 채권매매차익과 이자수익이 3백만 원 났다. 최종 손실은 2백만 원이므로 가입자가 내야할 세금은 없다고 생각할 수 있지만, 46만 2천 원의 세금을 내야 한다. 채권에서 발생한 수익 3백만 원의 15.4% 세금이 적용되는 것이다.

투자 손실이 나서 가뜩이나 괴로운데, 세금까지 내야 한다는 사실에 절망하는 사람들을 위한 기쁜 소식이 있다. 정부에서 펀드, 주식, 채권 등 투자상품에서 발생하는 이익과 손실을 통산(이익과 손실을 합쳐서 계산하는 것)해서 최종 순이익에 대해서만 과세하는 방

안을 검토 중이라는 것이다. 이 정책이 하루빨리 실행되어 수익
이 마이너스인데도 세금을 내야 하는 불합리한 경우가 없어졌으
면 한다.

펀드,
이름만 봐도 알아요

누군가를 처음 만났을 때 가장 먼저 하는 일이 이름을 묻는 것이다. 이름은 상대방에게 나를 인식시키고 호감을 갖게 한다. 하지만 펀드 이름은 어떤가. 영문과 한글이 혼용되어 있어 기억하기 어렵고, 이름 자체가 길기 때문에 한 번에 부르기도 힘들다. 그래서인지 은행을 찾은 고객들도 가입 신청서를 작성할 때 '이름' 부분에서 애를 먹는다.

> *"고객님, 인베스트 적어주시고요. 숫자 1 쓰신 다음에 클래스 A라고 적어주세요"*

"네? 다시 한 번 말해주세요."

당황하는 고객의 얼굴을 마주할 때면 꼭 상품 이름을 이렇게 만들 수밖에 없을까 자괴감마저 든다.

국내에서 판매되고 있는 펀드 수가 1만 개를 넘은 상태에서 전문가의 도움 없이 초보투자자가 본인에게 맞는 적합한 펀드를 선택하는 것은 쉽지 않다. 하지만 펀드 이름만 제대로 해석할 수 있다면 상품의 특징과 펀드수익률에 직접적인 영향을 미치는 수수료, 보수의 구조까지 대략 가늠할 수 있다.

펀드 이름 안에 숨은 정보들

펀드 이름을 쉽게 이해하기 위해 은행 홈페이지에서 실제 판매되고 있는 상품을 예로 보자.

출처 : https://www.shinhan.com

① **기준가:** 펀드의 가격을 나타내는 기준가이다. 이 상품의 경우 어제보다 0.52만큼 기준가가 하락했으므로 수익률이 어제보다 하락했을 것이다.

② **수익률:** 펀드가 현재 시점으로 이익을 보고 있는지 손해를 보고 있는지를 나타낸다. 3개월 수익률이 7.75%이므로 3개월 전에 1천만 원을 이 상품에 가입했으면 현재 77만 5천 원의 세전 수익이 발생했다는 의미이다. 같은 방식으로 6개월 전에 1천만 원을 이 상품에 가입했으면 현재 82만 8천 원의 수익이 발생한다. 12개월 수익률이 1.29%이고 3개월 수익률이 7.75%이므로, 이 펀드는 1년 전에 비해 최근 상승세를 타고 있는 것으로 추측할 수 있다.

3개월 만에 수익률 10%와 3개월 만에 연 10% 수익률, 뭐가 더 높을까? 언뜻 보면 비슷할 거라 예상할 지도 모르겠다. 하지만 계산해보면 깜짝 놀랄 만한 결과가 나온다. 가입금액이 1천만 원이라고 가정할 경우,

1) 3개월 만에 수익률 10%일 때 받는 수익금 = 1천만 원 × 10% = 1백만 원
2) 3개월 만에 연 10% 수익률일 때 받는 수익금 = 1천만 원 × 10% × 3/12 = 25만 원

③ **총 보수**: 앞에서 살펴본 '보수'에 해당하는 금액이다. 판매회사, 수탁회사, 자산운용회사와 일반 사무관리 명목 등으로 매년 1.68%의 보수를 지급하는 것을 확인할 수 있다. 펀드에 가입할 때 부담하는 선취수수료는 0% 즉, 해당사항이 없다.

④ **펀드 이름**: '삼성배당주장기증권투자신탁1호(주식)종류C-E'이다. 서두에 왜 펀드 이름을 친근하게 부르기 어렵다고 했는지 이해가 될 것이다. 심지어 띄어쓰기조차 되어 있지 않다. 잘라서 살펴보자.

삼성 / 배당주장기 / 증권투자신탁 / 1호 / (주식) / 종류

삼성: 고객이 펀드에 맡긴 돈을 굴리는 자산운용사다. 삼성자산운용사는 '삼성~', 신영자산운용사는 '신영~', 한국투신운영사는 '한국투자~'. KB자산운영사는 'KB~' 등으로 펀드 이름이 시작된다.

배당주장기: 펀드를 운영하는 주된 전략을 나타낸다. 이 펀드의 경우 높은 배당이 예상되는 종목들 위주로 투자하며, 단기투자를 통한 시세차익보다 장기 투자에 초점을 맞춰서 운영하는 '배당주장

기펀드'라는 뜻이다. 펀드 투자전략을 알 수 있는 다른 단어로는 가치/밸류/성장주/그로스/중소형/그룹주/고수익 등이 있다. 해외펀드의 경우 이 부분에 중국, 홍콩, 미국 등 투자 대상 국가의 이름을 넣는다.

증권투자신탁: 증권투자신탁은 펀드의 속성을 나타낸다. 가입하는 상품명에 이 단어가 포함되어 있으면 '일반적인 펀드상품이구나'라고 이해해도 된다. 펀드는 법적 형태에 따라 투자신탁(신탁형)과 투자회사(회사형)로 구분한다. 최근에 판매되는 대부분의 펀드는 투자신탁형으로 만들어지고 있으며, 뮤추얼펀드(Mutual Fund)가 대표적인 투자회사 형태의 펀드다.

1호: 펀드에도 시리즈가 있다. 처음 만든 1호 펀드에 사람들이 너무 많이 가입하면 펀드 규모가 지나치게 커져서 효율적으로 운영하기가 어렵기 때문에 2호, 3호 등 시리즈로 판매를 한다. 보통 이러한 시리즈 펀드는 비슷한 운용 전략을 취한다. 하지만 출시 시점에 따라 투자하는 주식의 비율이나 종목이 다르므로 수익률은 동일하지 않다. 그러므로 같은 시점에 1호 펀드에 가입한 사람과 2호 또는 3호 펀드에 가입한 사람의 수익률은 각각 다르다.

주식: 투자금액의 60% 이상을 주식에 투자하는 펀드는 '주식'이라고 표시한다. 그리고 투자금액의 60% 이상을 채권에 투자하는 채권형펀드는 이 부분에 '채권'이라고 표시한다. 혼합형펀드의 경우에는 주식 비중이 많으면 '주식혼합형', 채권 비중이 더 높으면 '채권혼합형'이라고 표시한다.

종류 C-E: 펀드 이름 중 가장 마지막에 나오는 알파벳은 '클래스(Class)'라 불리며 펀드 투자자가 부담하는 수수료(1회성 비용)를 의미한다. 가장 많은 클래스는 A, C, E다.

A	가입할 때 선취판매수수료를 지급해야 하는 펀드. 보수가 낮음 장기투자를 할 자금이라면 연간 보수가 적은 A를 선택하는 것이 유리하다.
B	펀드를 환매(해지)할 때 후취판매수수료를 내는 펀드
C	선취, 후취판매수수료가 없는 펀드. 보수가 높음. 짧은 기간 투자할 자금이라면 판매수수료를 부담하지 않는 C를 선택하는 것이 적합하다.
E	인터넷으로 가입할 수 있는 온라인 전용 펀드
S	펀드 슈퍼마켓 전용 펀드
P	연금저축

클래스(Class)를 구분하는 이유는 펀드투자자의 성향에 맞게 상품을 선택하게 하기 위해서다. 예를 들어 은행에 방문해서 추천 펀드에 가입하길 원하는 경우에는 창구에서 판매하는 펀드상품에 가입할 수 있고, 온라인에서 상품을 둘러본 후 투자자 본인이 직접 결정하길 원하는 경우에는 E클래스를 선택할 수 있다.

클래스별 명칭이 결합된 경우도 있는데, 어렵지 않다. 두 가지 특성을 모두 가진 상품이라고 이해하면 된다.

- A-E : 펀드 가입 시 선취판매수수료를 부담해야 하고, 온라인을 통해 가입할 수 있는 펀드.
- C-E : 판매수수료가 없으며 온라인으로 가입할 수 있는 펀드.
- S-P : 펀드슈퍼마켓에서 가입할 수 있는 연금저축 펀드.

'금리 노마드족'이라는 말이 생길 정도로 예금이나 적금을 가입할 때 금리를 깐깐하게 비교하고, 쉽게 갈아타는 것이 요즘 소비자들이다. 이에 반해 펀드를 선택할 때는 수수료나 보수에 무관심한 경향이 있다. 펀드는 대부분 장기투자로 이어지는 경우가 많으므로 최초 가입 시 수수료와 보수를 잘 따져야 한다.

다른 펀드상품으로 복습하기

상품명	① 기준가	② 수익률		③ 총보수
	등락	3개월 ▼ 6개월 ▼	12개월 ▼	선취수수료
인터넷 ④ **KB중국본토A주증권자투자신탁[주식]종류A-E** (높은위험2 ›) 지역: 해외 ┃ 운용사: KB자산운용	1,195.32 ▼ 26.45	25.34% 25.04%	-4.30%	1.43% 0.50%

출처 : https://www.shinhan.com

① 기준가: 이 펀드는 어제에 비해 기준가가 하락했다.

② 수익률: 최근 3개월 수익률 25.34%로 환상적이다. 반면 1년 전 이 상품을 가입한 투자자들은 여전히 -4.30% 손실을 보고 있다. 최근에 수익률이 급등한 펀드임을 확인할 수 있다. 현재 수익률은 높지만 이것이 미래 수익을 보장하는 것이 아니므로 신규 투자할 때는 장기적인 안목으로 접근해야 한다.

③ 총 보수: 매년 부담해야 하는 총 보수가 1.43%이며 상품에 가입할 때 선취수수료 0.5%를 부담해야 한다. 1천만 원을 이 펀드에 투자할 경우 '1천만 원 × 0.5% = 5만 원'을 선취수수료로 부담해야 하므로 실제로 펀드에 투자되는 자금은 1천만 원 - 5만 원 = 995만 원이 된다.

④ KB / 중국본토A주 / 증권투자신탁 / (주식) / 종류A-E

- KB자산운용회사에서 운용하는 펀드로 투자 대상은 중국본토A
  주이다. 중국에 투자하는 펀드이므로 중국 경제성장률이 크게
  개선되었다는 뉴스 등 중국 관련 호재가 발생하면 수익률 상승
  을 기대할 수 있다.

- 증권투자신탁, 즉 펀드로 운영되며 주식형 펀드이므로 내가 맡
  긴 돈의 60% 이상을 주식에 투자한다.

- 펀드클래스가 A-E로 표시되어 있다. 가입할 때 선취수수료를
  부담해야 하는 A클래스이므로 C클래스에 비해 보수는 적을 것
  으로 예상되며, 온라인 전용(E) 상품이다.

좋은 펀드 있으면
소개해줘

"최근에 주식시장이 좋아졌던데, 내 펀드는 왜 이 모양이죠?"
김 과장은 창구를 찾아온 고객이 가입한 상품을 살펴봤다. 채권형 펀드였다. 어디서부터 잘못된 걸까. 은행 직원이 상품에 대한 기본적인 정보 제공도 없이 펀드 판매에만 집착했을까? 아니면 분명히 직원은 설명을 했지만 시간이 지나서 고객이 기억을 못하는 것일까? 누구를 섣불리 탓할 수 없는 상황이다.

펀드상품별 특징을 이해한 독자라면 위 고객과 같은 오해는 없을 것이다. 이제는 펀드를 결정할 때 고려할 점을 알아보자.

내가 잘 아는 곳에 투자하자

본인이 잘 알지 못하는 분야나 국가에 대한 투자는 가급적 멀리하고, 친숙하고 남들보다 더 알고 있는 분야에 투자하는 펀드를 선택하자. 아는 만큼 이익을 얻는 게 펀드 투자다.

10년 넘게 제조업체를 운영하고 있는 A사장은 몇 해 전 베트남에 생산 공장을 세웠다. 그는 해외 송금을 위해 지점을 방문할 때마다 베트남에 대한 생생한 뉴스를 듣는다. 베트남은 일할 수 있는 젊은 층이 많아서 사람 구하기가 쉽고, 거리는 늘 사람들로 북적이며 도심 곳곳에는 하루가 다르게 새로운 건물이 들어선다고 한다. 그는 베트남의 발전 가능성을 매우 크게 보고 있었다. 그에게 베트남 주식에 투자하는 펀드를 권유하자, 본인이 찾고 있던 상품이라며 만족스럽게 가입했다.

직장인 B씨는 스마트폰 부품을 제조해서 삼성에 납품하는 일을 한다. 그는 우리나라의 스마트폰 제작 기술력은 당분간 다른 나라에서 따라오기 힘들 것이라고 했다. 그는 미래를 밝게 보는 삼성 관련 펀드에 투자하고 싶다고 했다. 김 과장은 삼성전자 주식에 투자하는 펀드를 권유했다.

과거 수익률 좋은 펀드가
미래 수익률도 좋을 확률이 높다

과거 수익률이 좋다고 미래 수익률이 좋은 건 절대 아니다. 하지만 평균적으로 봤을 때 예전에도 운용을 잘한 펀드가 향후에도 양호한 실적을 올릴 가능성이 높다. 펀드의 과거 수익률을 확인할 때는 1개월, 3개월 등 짧은 기간보다는 1년 이상 장기 수익률 추이를 관찰할 것을 추천한다.

새내기 펀드를 공략하자

새로 나온 펀드는 과거 수익률을 확인할 길이 없어 주저될 수 있다. 하지만 1호 펀드의 흥행 여부는 2호, 3호 등 시리즈 펀드로 이어질 수 있느냐 없느냐를 판단하는 기준이 된다. 그러므로 운용사들은 투자자들의 관심을 끌기 위해 일반 펀드보다 더 신경을 써서 운용할 가능성이 높다. 장기보다는 단기 투자를 할 경우에 신규 펀드를 추천한다.

참고로 펀드를 선택할 때는 KG제로인, 한국펀드평가, 에프앤가이드 등에서 발표하는 펀드 평가 등급을 보조 자료로 활용할 수 있다. 이들 회사는 투자 위험도, 성과 등 여러 가지 객관적인 정보를 토대로 펀드 등급을 평가하고 있어 투자를 결정하는 데 큰 도움이 된다.

펀드 운용사의
실력 차이도 분명히 있다

동일한 지역에 투자하는 같은 주식형펀드인데도, 같은 기간의 수익률이 확연히 차이나는 것은 어떻게 설명할 수 있을까. 그 원인은 자산운용사들의 투자 전략이 다르기 때문에 보유하고 있는 주식이 다르고, 주식을 사고 파는 타이밍도 각각 다르기 때문이다. 투자자 입장에서 좋은 펀드란 결국 수익이 많이 나는 펀드이므로 운용사의 역량은 꼭 확인해야 한다.

운용사 간 수익률 차이를 확인하기 위해 그림과 같이 국내 주식형 펀드 중 배당주를 주로 투자하는 펀드를 검색했다. 그 결과 최근 3개월 동안 수익률이 제일 높은 펀드와 제일 낮은 펀드의 이율 차이는 무려 6%가 넘었다.

운용사가 유명한 곳이라고 해서 '잘 운영하겠지'라며 막연하게 믿고 넘어가지 말고, 같은 곳에 투자하는 다른 운용사의 기간

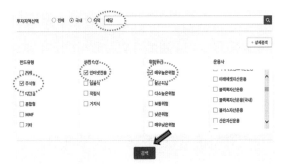

출처: https://www.shinhan.com

수익률을 비교해본 뒤에 선택하자. 우리는 운용사에 매년 비싼 보수를 지급하고 있음을 잊으면 안 된다.

위험지표정보를
확인하고 고르자

펀드를 고를 때 고려할 마지막 사항은 위험지표정보를 확인하는 것이다. 펀드 수익률이 널뛰기하듯 매일 매일 변동이 크다면 투자자는 불안하고 초조할 것이다. 그러므로 꾸준하게 시장 대비 양호한 수익률이 날 수 있는 펀드를 선택해야 하는데, 이를 위해서 펀드의 변동성을 확인할 수 있는 대표적인 지표인 '표준편차', '베타', '샤프', '트레이너'를 알고 있어야 한다.

1) 표준편차: 펀드가 갖고 있는 위험을 측정할 수 있는 지표로, 수익률이 평균에서 얼마나 벗어나 있는지 나타낸다. 표준편차 값이 클수록 수익률이 예상할 수 없을 정도로 들쑥날쑥하다는 의미이므로 위험이 크다. 비슷한 수익률을 내고 있는 펀드라면 표준편차가 낮은 쪽이 더 좋은 펀드라고 할 수 있다.

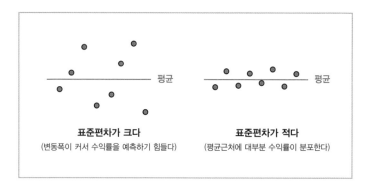

표준편차가 크다
(변동폭이 커서 수익률을 예측하기 힘들다)

표준편차가 적다
(평균근처에 대부분 수익률이 분포한다)

2) 베타: 시장변동(BM : Bench Mark라고 함)에 따라 펀드 수익률이 얼마나 요동치는지, 펀드의 민감도를 의미한다. 1보다 크면 시장변동보다 펀드 수익률 변동이 더 크다는 뜻이고, 1보다 작으면 시장변동보다 펀드 수익률 변동이 더 적다는 뜻이다.

일부 재테크 책에서 베타가 1보다 작은 펀드가 좋은 펀드라고 소개하는데 이는 잘못된 정보다. 시장이 장기적으로 상승 추세에 있다면 시장보다 더 많은 상승을 기대할 수 있는 베타가 1보다 큰 펀드가 유리하다. 반면 시장이 하락 추세에 있다면 시장의 하락폭보다 덜 떨어질 수 있는, 베타가 1보다 작은 펀드가 투자자에게 유리하다. 즉, 시장 상황에 따라 투자자에게 유리한 베타 값은 달라질 수 있다.

코스피200을 BM으로 하는 국내주식형펀드에서,
코스피200이 1% 상승할 때

1. 국내주식형펀드가 0.5% 상승한다면 : 해당펀드의 베타는 0.5
2. 국내주식형펀드가 2% 상승한다면 : 해당펀드의 베타는 2

3) **샤프**: 표준편차 대비 초과수익을 계산한 것으로, 위험을 감안한 투자성과를 의미한다. 동일한 유형의 펀드 중 샤프지수가 높을수록 좋은 펀드라고 생각하면 된다.

4) **트레이너**: 베타(체계적 위험) 대비 초과수익을 계산한 것으로, 동일한 유형의 펀드 중에 트레이너지수가 높을수록 분산이 잘 된 좋은 펀드라고 기억하면 된다.

펀드는 이제 대중적인 투자상품이 되었지만, 고객들을 상담하다 보면 여전히 생소하게 생각하거나 단순히 지인 추천에 의해 가입하려는 경우가 많다. 펀드를 포함해 모든 투자의 중심은 '나'다. 달콤한 수익을 맛보기 위해서는 투자자 스스로 펀드상품에 대해 잘 알고 있어야 하고, 본인만의 투자 원칙을 세워야 한다.

ELD로
예금금리 뛰어넘기

"고객님. 저랑 동전 던지기 해보실래요? 앞면이 나오면 정기예금금리에 보너스 3%를 더 얹어서 만기에 돌려드리겠습니다. 하지만 뒷면이 나올 경우 원금만 찾을 수 있습니다."

정기예금에 가입하기 전 이런 제안을 받으면 어떨까. 뒷면이 나와도 최소한 원금은 나오니까 손해 볼 것 없다는 생각에 던져 보자고 동의할 수도 있고, 가만히 있으면 정기예금 이자가 나오는데 군이 왜 이런 제안을 받아들여야 하는지 반론을 제기할 수도 있다.

둘 중 동전을 던지는 것에 동의하는 사람에게 적합한 상품이 '주가지수연동 정기예금(ELD, Equity Linked Deposit)'이다.

ELD란 무엇일까?

상품 이름에도 나와 있는 것처럼 주가지수연동 정기예금 ELD 는 가입할 때 이자가 확정되는 것이 아니라 주가지수(Equity)의 움직임에 연동(Linked)되어 이자가 결정되는 상품이다. 물론 예금(Deposit) 상품이므로 최소한 원금은 보장받는다. 은행 창구에서 판매되고 있는 ELD 상품은 KOSPI200(코스피200)*이나 삼성전자 주가 등을 지수로 삼는 경우가 많다.

일반적으로 ELD는 주가지수가 상승할 때 고객에게 유리한 '상승형', 반대로 주가지수가 하락할 때 이득을 보는 '하락형', 그리고 일정 범위 내에서 주가지수가 상승 또는 하락할 경우에 정기예금 + α 수익률을 기대할 수 있는 '양방향형' 상품이 있다.

판매하는 은행 및 ELD 상품이 출시되는 시점마다 상품 구조

---

* KOSPI200 지수란, 한국거래소에 등록된 유가증권 전 종목 가운데 시장 대표성, 유동성, 업종 대표성을 기준으로 시가총액이 상위군에 속하고 거래량이 많은 종목을 200개 선정하여 지수화한 것이다. 간단히, 국내주식시장인 KOSPI에서 나름 잘 나가는 200개 종목을 모아 놓고 지수로 나타낸 것이라고 이해하면 된다.

가 다르므로 수익률 구조는 반드시 이해하고 가입해야 한다.

상승형 ELD 수익률 파악하기

시중에 판매되고 있는 ELD 수익률 그래프를 보면서 실제로 수익률이 결정되는 구조를 확인해보자. 우선 상승형 ELD이다.

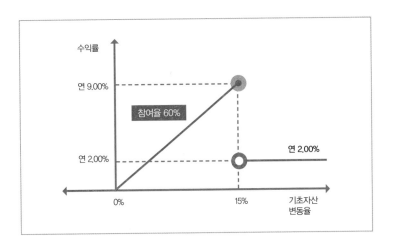

처음 그래프를 보면 당황할 수 있다. 그러나 찬찬히 살펴보자.

가로축은 기초자산인 KOSPI200 주가지수, 세로축은 만기에 찾을 수 있는 수익률을 나타낸다. 가로축 0% 기준으로 오른쪽은 가입할 때보다 KOSPI200 주가지수가 오른 경우인데, 지수가 상승할수록 수익률은 높아진다. 그래프에서 '참여율'은 기초자산의 변동률이 예금 이자율에 영향을 미치는 정도를 의미한다.

주가지수 상승 시 수익률 예시

1. 만기 시 지수가 5% 상승한 경우 수익률 = 5% × 참여율 60% = 3%
2. 만기 시 지수가 10% 상승한 경우 수익률 = 10% × 참여율 60% = 6%
3. 만기 시 지수가 15% 상승한 경우 수익률 = 15% × 참여율 60% = 9%

한 가지 주의할 점은 주가지수가 지나치게 많이 상승한 경우다. 위 그래프를 보면 15% 상승 시 9% 수익률이지만, 15%를 넘으면 2%로 수익률이 뚝 떨어져버린다. 분명 주가지수가 상승할 때 내 손에 쥘 수 있는 수익은 많아지는 것이 상승형 ELD이지만, 너무 많이 상승하면 오히려 수익률이 떨어진다. 대부분의 상품이 주가지수가 상승하는 만큼 무제한 수익률을 올려주는 것이 아니라, 일정한 기준 이상이 되면 고정된 이율을 주도록 설계되어 있기 때문이다.

반면, 가로축 0% 기준으로 왼쪽 부분은 처음 가입할 때보다 KOSPI200 지수가 하락하거나 같은 경우를 나타내는데 이때 수익률은 안타깝게도 0%이다.

하락형 ELD 수익률 파악하기

상승형 ELD를 이해했다면 하락형 ELD는 완전 반대의 수익 구조라 더 쉽게 이해할 수 있다. 시중 은행에서 판매 중인 하락형 ELD 수익률 그래프로 확인해보자.

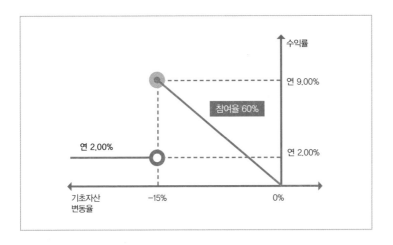

주가지수가 조금이라도 상승하면 수익률은 0%로, 만기에 원금만 가져가게 된다. 반면 하락할 경우 최고 9%까지 수익률을 기대할 수 있다.

하락형 수익률 예시

1. 만기 시 지수가 5% 하락한 경우 수익률 = 5% × 참여율 60% = 3%
2. 만기 시 지수가 10% 하락한 경우 수익률 = 10% × 참여율 60% = 6%
3. 만기 시 지수가 15% 하락한 경우 수익률 = 15% × 참여율 60% = 9%

상승형과 마찬가지로 하락형도 지나치게 주가지수가 낮아진 경우 수익률이 하락한다. 이 상품의 경우 주가지수가 15% 이상 하락하면 수익률은 2%로 낮아진다. 하락형을 가입했는데 예상과 달리 지수가 상승할 때는 0%, 즉 가입 원금만 가져가게 된다.

양방향형 ELD 수익률 파악하기

상승형과 하락형을 반반씩 섞어 놓은 양방향형 ELD에 대해 알아보자. 주가지수가 일정 범위 내에서 상승하거나 하락할 가능성이 높다고 예상하는 이들에게 적합한 상품이다.

다음 그림을 보면 만기 주가지수가 너무 많이 상승(15% 초과 상승)하거나, 지나치게 하락(15% 초과 하락)할 경우 정기예금보다 낮은 1% 수익률이다. 하지만 만기 시 주가지수가 −15%~15% 범위 내라면 최고 8.5%까지 수익률을 기대할 수 있다.

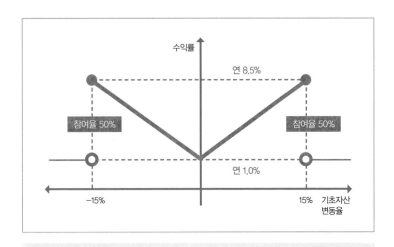

양방향형 수익률 예시

1. 만기 시 지수가 5% 상승한 경우 수익률
   5% × 참여율 50% + 1.0% = 3.5%
2. 만기 시 지수가 15% 상승한 경우 수익률
   15% × 참여율 50% + 1.0% = 8.5%
3. 만기 시 지수가 5% 하락한 경우 수익률
   5% × 참여율 50% + 1.0% = 3.5%
4. 만기 시 지수가 15% 하락한 경우 수익률
   15% × 참여율 50% + 1.0% = 8.5%

ELD는 원금 손실의 위험이 없으면서 정기예금 이상의 수익을 달성할 수 있는 기회가 있는 상품이다. 물론 예금자보호대상에도 포함되어 안정성을 확보하고 있다. 최근에는 '최저금리보장형'이라는, 주가지수 등락에 관계없이 원금 뿐 아니라 일정 부분 금리를 제공하는 상품도 출시되어 수요가 늘고 있다.

주의할 점은 가입 후 만기가 되기 전 중도에 해지하면 약 0.5%~2.0%의 원금 손실을 볼 수 있다는 것이다. 그러므로 만기까지 유지할 수 있는 자금인지 상품에 가입하기 전에 꼭 확인해야 한다.

주가가 상승한 만큼 고스란히 내 수익이 되는 펀드상품에 익숙한 이들에게 만기까지 기간을 채워야 하는 ELD는 다소 지루하게 느껴질 수도 있다. 하지만 원금보장이라는 안전성과 정기예금에 보너스 이자율 두 마리 토끼를 모두 잡고 싶은 이들에게는 여전히 추천하고 싶은 상품이다.

부자들이 사랑하는
E씨 형제들

KEB하나은행과 하나금융경영연구소가 내놓은 '2019 한국의 부자보고서'에 따르면 부자들이 1순위 투자처로 꼽은 금융상품은 지수연계증권(ELS), 지수연계신탁(ELT) 같은 '지수연계 금융상품'이었다. 부자들 가운데 65% 이상이 이 상품들을 선호한다고 답했다.*

---

* 2위로 선정된 단기금융상품은 만기 1년 미만 정기예금과 같이 언제든 현금으로 찾을 수 있는 상품을 말한다. 갈 곳 잃은 자금이 단기금융상품에 잠시 머무르고 있는 것이다. 이 단기금융상품에 있는 자금이 어디로 빠져 나가느냐에 따라 향후 유망한 투자처를 예측해 볼 수 있다.

순위	상품	선호 응답 비율(1,2,3위 통합)		
		2019년	2018년	2017년
1	지수연계증권(ELS) 지수연계신탁(ELT)	65.40%	31.40%	57.70%
2	단기금융상품 (1년 미만 정기예금, MMDA, CMA)	51.30%	30.50%	49.70%
3	은행 정기예금 (만기 1년 이상)	40.20%	50.50%	48.00%
4	달러, 위안화 등 외화예금	23.70%	13.90%	23.20%
5	사모펀드	16.90%	11.20%	11.00%
6	주식 직접투자	15.60%	19.30%	13.40%
7	해외채권, 외화자산	13.00%	16.80%	신규
8	부동산대체투자펀드(공모)	12.850%	신규	신규
9	주식형펀드(공모)	10.70%	36.30%	15.80%
10	채권형펀드(공모)	10.20%	신규	신규

2019년 부자들이 선호하는 금융상품 (출처: 하나금융경영연구소)

보수적인 투자 성향을 가진 사람이라도
눈여겨 볼 것

경제학자 데이비드 벨(David Bell)은 1982년에 '후회이론'이라는 경제이론을 발표했다. '사람들은 후회를 최소화하기 위해 효용이 적은 비합리적인 선택을 한다'는 것이 이론의 주 내용이었다. 벨은 이론을 증명하기 위해, 아무런 조건 없이 200달러를 받는 것과 동전을 던져 앞면이 나오면 400달러를 받고, 뒷면이 나오면 돈을 전혀 받지 않는 것 중 어느 쪽을 선택할 지 묻는 실험을 했다. 대부분의 사람들은 동전 뒷면이 나올 경우 느낄 후회를 최소화하기 위해 200달러 받는 것을 선택했다고 한다.

예금을 주로 이용하는 보수적 성향의 사람에게 지수연계상품을 권하기는 만만치 않다. 후회이론에서와 같이 지수연계상품에 가입하면 혹시라도 발생할 수 있는 원금 손실이 너무 크게 느껴지기 때문이다. 이런 성향의 사람들은 '이자 차이도 많이 나지 않는데 나중에 후회할 일 만들지 말자.'며 예금을 선택한다. 물론 이것도 나쁘지 않은 선택이다. 하지만 현재 예금 이자는 물가상승률조차 따라가지 못하고 있다. 따라서 상대적으로 위험이 덜하고 변동성에 강한 지수연계상품에 관심을 가질 필요가 있다.

지수연계상품이란?

지수연계상품은 기준이 되는 기초자산의 움직임에 따라 일정 조건을 만족할 경우 고객은 투자 수익을 얻고, 반대로 조건이 충족되지 않을 경우 원금 손실이 발생할 수 있는 상품이다. 만기는 보통 3년이지만 만기가 되기 전에 미리 정한 조건을 달성하면 이자와 원금을 돌려받을 수 있다. 발행 형태나 취급기관에 따라 상품명은 ELS, ELF, ELT로 구분되며 3개 상품 모두 예금자보호대상에는 포함되지 않는다.

---

1) 주가연계증권(ELS, Equity Linked Securities)
  – 주가지수 또는 개별지수의 변동에 따라 수익률이 결정되는 상품.
  – 판매 회사: 증권회사

2) 주가연계펀드(ELF, Eequity Linked Fund)
  – 여러 개의 ELS를 묶어 펀드로 운영하는 상품.
  – 판매 회사: 은행, 증권회사, 보험회사

3) 주가연계신탁(ELT, Equity Linked Trust)
  – 특정금전신탁(Trust)에 ELS를 편입하여 신탁의 형태로 판매하는 상품
  – 판매 회사: 은행, 증권회사, 보험회사

상품 구조 뜯어보기

ELS, ELF, ELT 상품 모두 기초자산의 변동에 따라 고객이 받을 수 있는 수익이 결정되는 구조를 가지고 있으므로, 만기까지의 상품 수익 구조와 상환 조건을 명확하게 이해해야 한다. 은행에서 판매하는 ELF 상품 하나를 예로 들어 구조를 살펴보자.

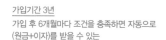

가입기간 3년
가입 후 6개월마다 조건을 충족하면 자동으로
(원금+이자)를 받을 수 있는

원금손실이 날 수 있으므로
매우 높은 위험이라고 명시

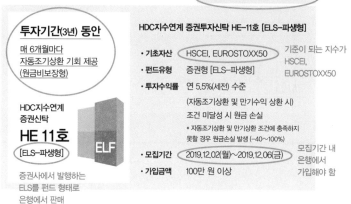

위험등급 ❶등급 : 매우 높은 위험

투자기간(3년) 동안

매 6개월마다
자동조기상환 기회 제공
(원금비보장형)

HDC지수연계
증권신탁

HE 11호

[ELS-파생형]

ELF

증권사에서 발행하는
ELS를 펀드 형태로
은행에서 판매

HDC지수연계 증권투자신탁 HE-11호 [ELS-파생형]

• 기초자산   HSCEI, EUROSTOXX50   기준이 되는 지수가
                                   HSCEI,
• 펀드유형   증권형 [ELS-파생형]   EUROSTOXX50
• 투자수익률   연 5.5%(세전) 수준
             (자동조기상환 및 만기수익 상환 시)
             조건 미달성 시 원금 손실
             * 자동조기상환 및 만기상환 조건에 충족하지
               못할 경우 원금손실 발생 (-40~100%)
• 모집기간   2019.12.02(월)~2019.12.06(금)   모집기간 내
                                              은행에서
• 가입금액   100만 원 이상   가입해야 함

그림에 설명된 것처럼 이 상품은 2개의 주가지수(HSCEI,
EUROSTOXX50, 줄여서 HE로 표시됨)를 기초자산으로 하고, 일정 조건을
충족하면 연 5.5%(세전)의 이율을 기대할 수 있다.

현재 시중 은행 정기예금 금리 수준을 감안할 때 5.5%는 매력
적인 수익률이다. 어떤 경우에 이 수익률을 달성할 수 있는지 상
품의 상세 조건과 수익 구조를 자세히 알아보자.

1) 자동 조기상환: 가입 기간 3년 이내 6개월마다 일정 조건을 충
족하면 자동으로 수익이 확정된다.

구분	수익률 그래프(세전)	상환 조건
자동조기 상환의 경우	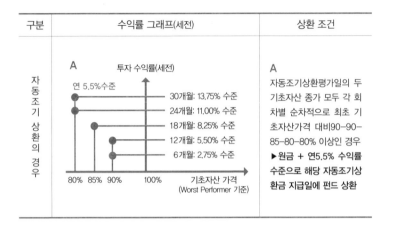	A 자동조기상환평가일의 두 기초자산 종가 모두 각 회차별 순차적으로 최초 기초자산가격 대비 90-90-85-80-80% 이상인 경우 ▶ 원금 + 연 5.5% 수익률 수준으로 해당 자동조기상환금 지급일에 펀드 상환

상품에 가입하고 6개월, 12개월, 18개월, 24개월, 30개월 뒤
에 받을 수 있는 수익률이 표시되어 있다. 가입 기간 3년 이내에
6개월마다 일정 조건을 충족하면 자동으로 중도환매되고, 일정
조건을 충족하지 못할 경우 6개월 단위로 만기가 자동 연장된다.
중도환매되면 ELF는 자동으로 해지되고, 신규할 때 고객이 정한
입출금계좌에 원금과 이자가 입금된다.

- 가입일로부터 6개월 후에 기초자산(HSCEI, EUROSTOXX50)이 가입 시점에 비해 10% 넘게 떨어지지만 않으면 2.75%(5.5% × 6개월 / 12개월)로 해지된다.
  (예: 1천만 원 가입 시 6개월 후 1천만 원 × 2.75%=27만 5천 원 세전 수익 확정)

- 가입일로부터 6개월 후에 기초자산이 10% 넘게 떨어지면 다시 6개월을

기다려야 하고, 12개월 된 시점에서 기초자산이 10% 넘게 떨어지지 않으면 5.50% 수익을 받는다.

(예 : 1천만 원 가입 시 12개월 후 1천만 원 × 5.50% = 55만 원 세전 수익 확정)

■ 가입일로부터 12개월 후에 기초자산이 10% 넘게 떨어진다면 다시 6개월을 기다려야 하고, 18개월 된 시점에서 기초자산이 15% 넘게 떨어지지 않으면 8.25%(5.5% × 18개월 / 12개월) 수익을 받는다.

(예: 1천만 원 가입 시 18개월 뒤 1천만 원 × 8.25% = 82만 5천 원 세전 수익 확정)

■ 가입일로부터 18개월 후에 기초자산이 15% 넘게 떨어진다면 다시 6개월을 기다려야 하고, 24개월 된 시점에서 기초자산이 20% 넘게 떨어지지 않으면 11.00%(5.5% × 24개월 / 12개월)수익을 받는다.

(예: 1천만 원 가입 시 24개월 뒤 1천만 원 × 11.00% = 110만 원 세전 수익 확정)

■ 가입일로부터 24개월 후에 기초자산이 20% 넘게 떨어진다면 다시 6개월을 기다려야 하고, 30개월 된 시점에서 기초자산이 20% 넘게 떨어지지 않으면 13.75%(5.5% × 30개월 / 12개월)수익을 받는다.

(예: 1천만 원 가입 시 30개월 뒤 1천만 원 × 13.75% = 137만 5천 원 세전 수익 확정)

2) 만기상환(가입 기간 3년을 꼬박 기다려야 하는 경우): 가입 기간 3년 이내에 수익을 내는 조건을 충족하지 못하면 만기 시 기초자산 지수에 따라 수익 또는 손실이 결정된다.

구분	수익률 그래프(세전)	상환 조건
만기 상환의 경우	투자 수익률(세전) 연 5.5%수준 / 36개월 : 16.5% 수준 A' 60% / 100% 기초자산 가격 (Worst Performer 기준) -40% B 투자원금 전액 손실 발생 가능 (최대 원금 손실률 : 투자원금의 100%)	A' 자동조기상환 없음 + 만기상환평가일에 두 기초자산의 종가 모두 최초기초자산가격 대비 60% 이상인 경우 ▶원금 + 연 5.5%수익률 수준으로 만기상환 B 자동조기상환 없음 + 만기상환평가일에 두 기초자산 중 어느 하나라도 종가가 최초기초자산가격 대비 60% 미만인 경우 ▶원금 손실 발생 : 두 기초자산 중 더 많이 하락한 기초자산(Worst Performer)의 기초자산가격 기준 수익률 수준으로 원금 손실 (-40% ~ -100%)

- 만기 시 기초자산이 40% 넘게 떨어지지 않은 경우 5.5% × 3년 = 16.5% 이율을 받고 해지된다.

  (예 : 1천만 원 가입 시 36개월 뒤 1천만 원 × 16.5% = 165만 원 세전 수익 확정)

- 만기 시 기초자산이 40% 넘게 떨어진 경우 더 많이 떨어진 기초자산 하락률에 따라 원금 손실을 보게 된다.

  (예 : 1천만 원 가입, 만기 시 HSCEI 하락률 40%, EUROSTOXX50 하락률 50%인 경우, 1천만 원 × (-50%) = 500만 원 손실 확정)

조기상환이 아닌 만기상환이 될 때는 어떤 경우에 원금 손실이 발생하는지 정확히 이해하고 있어야 한다. 위 상품은 두 기초자산 HSCEI, EUROSTOXX50의 종가(마지막 날에 형성된 가격)가 40% 넘게 하락했는지 여부만 기준이 되며, 투자 기간 동안 얼마가 하락했든 만기수익률 결정에 아무런 관련이 없다.

이를 '노낙인(No Knock-In) 구조'라고 한다. 만약에 이 상품이 노낙인이 아닌 '낙인(Knock-In) 구조'의 상품이었다면 상품설명서에 '투자기간 중 두 기초자산 중 어느 하나라도 최초기준자산가격 대비 60% 미만인 경우 원금 손실'이라는 문구가 있을 것이다.

한편, 지수연계상품에 가입했는데 갑자기 돈이 필요해서 지수연계상품을 해지할 경우에는 원금 손실 위험이 있다. 앞에서 예를 든 상품의 경우, 중도환매수수료가 초기 6개월 미만일 때 환매 금액의 7%, 6개월 이후에는 환매 금액의 5% 부과된다.

환매수수료를 제외한 나머지 금액에 대해서는 환매시점 기초자산의 기준가격에 따라 지급하므로 중도환매로 인한 손실 금액은 더 커질 수 있다.

손실이 나지 않기 위해
기억할 것들

은행에서 판매하고 있는 ELF의 상품설명서를 통해 지수연계 상품의 수익률 구조를 살펴보았다. 상품마다 수익률 구조가 다르고 복잡하다보니 설명을 듣고 나서도 이해하기가 어렵다.

2003년에 지수연계상품 상품이 출시되었을 때는 이러한 상품 수익구조의 복잡함 때문에 큰 인기를 끌지 못했다. 하지만 저금리로 인해 마땅한 투자처를 찾지 못한 자금의 상당수가 E씨 형제들(ELS, ELF, ELT)에 투자되고 있는 게 지금의 상황이다.

향후에도 지수연계상품의 인기는 계속될 것으로 예상되지만, 단순히 수익률만 보고 접근해서는 안된다. 수익률보다는 자신의 투자 성향에 맞는지 먼저 따져봐야 한다.

만약 자신의 투자 성향이 다음 중 하나라도 해당된다면, 주변에서 아무리 지수연계상품을 권유해도 무시하는 편이 낫다.

1. 반드시 원금은 보장되어야 한다.
2. 은행에서 판매하는 상품은 정기예금을 제외하고 원천적으로 신뢰하지 못한다.
3. 왠지 솔깃해서 가입했지만 은행을 나오는 순간 후회할 것 같다.

4. 상품수익구조를 제대로 이해하지 못했다.

이와 반대로 아래 항목에 속하는 사람이라면 지수연계상품 투자를 적극 고민해 볼 만하다.

1. 물가상승률에도 미치지 못한 정기예금 금리는 도저히 참을 수 없다.
2. 은행에서 제공하는 지수연계상품설명서를 이해했다.
3. 최소한 3년은 투자할 수 있는 자금이다.
4. 만기 이전에 조기상환되거나 원금 손실이 날 수 있는 상품 구조를 이해한다.
5. 상품 선택의 최종적인 책임은 '나에게 있다.'는 것을 인지한다.

처음 지수연계상품에 투자할 때는 수익이 높은 상품을 고르기보다, 기초자산이 개별 종목이 아닌 지수로 구성된 상품, 기초자산 간 상관계수가 낮은 상품, 조기상환 기준이 낮은 상품 위주로 선택해서 기대수익율을 낮추고, 원금 손실 위험을 줄이는 것이 좋다.

수익률, ETF에서
답을 찾다

'커피캔 포트폴리오(Coffee Can Portfolio)'

워렌버핏(Warren Buffet)이 최고의 펀드매니저로 꼽은 투자자 밥 커비(Bob Kirby)는 "주식 투자 포트폴리오를 짤 때 반드시 장기간 투자할 종목을 정하라. 시간에 투자하면 가격은 자연스럽게 오른다."고 말했다.

옛날 서부시대 사람들은 돈을 둘 장소가 마땅치 않아 커피캔 안에 돈을 넣어 침대 밑에 보관했는데, 밥 커비는 장기투자를 이에 비유해 '커피캔 포트폴리오'라고 불렀다.

단기 시세차익을 위해 잦은 매매를 하다보면 장기적으로 보유했을 때 기대할 수 있는 높은 수익률을 놓칠 수 있다는 이 이론은 요즘 더 힘을 얻는 듯하다. 최근 은행을 찾는 고객들과 상담을 해 보면 액티브(Active)펀드보다 패시브(Passive)펀드에 더 많은 관심을 보이는 경향이 있다.

액티브펀드, 패시브펀드, 인덱스펀드 대체 무슨 뜻이야?

펀드는 운용하는 전략에 따라 액티브펀드(Active fund)와 패시브펀드(Passive fund)로 나눌 수 있다.

'액티브펀드'는 말 그대로 적극적으로 펀드를 운용하는 스타일이다. 펀드매니저는 기업을 분석하여 투자 종목을 선정하고, 매수 타이밍을 잡고, 적절한 시점에 매도하여 높은 수익률을 내는 것을 목표로 한다. 펀드매니저가 어떤 종목을 선정하는지, 얼마의 가격에 매도하는지에 따라 펀드의 수익률이 결정된다.

'패시브펀드'는 액티브펀드와 반대의 특징을 갖고 있다. 'KOSPI 200' 같이 목표로 하는 지수(Index라고 한다)를 선정하고, 지수 안에 있는 주식에 골고루 투자하는 것이다. 목표 지수가 올라가면 펀드의 수익도 그림자처럼 따라서 올라가고 반대로 지수

가 하락하면 동일하게 하락한다.* 지수(Index)가 올라가거나 내려
가는 것을 그대로 따라가도록 설계되어 '인덱스(Index)펀드'라고
도 불린다. 인덱스펀드 중 대표적인 상품이 바로 'ETF'이다.

패시브펀드는 투자할 주식 종목 선정, 매매 타이밍 결정 등 펀
드매니저의 주관적인 판단이 배제되고, 시장 분석 등에 필요한
비용이 절감되기 때문에 액티브펀드보다 낮은 보수로 운영된다.

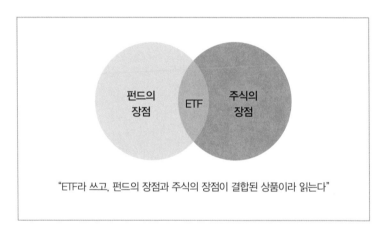

"ETF라 쓰고, 펀드의 장점과 주식의 장점이 결합된 상품이라 읽는다"

---

* 이 부분을 읽으면서 왠지 익숙한 느낌을 받는다면 앞에서 소개된 '베타'를 잘 이해하고 있
는 독자이다. 패시브펀드는 시장의 움직임을 유사하게 따라가도록 설계되어 있으므로 베
타가 1.0을 전후로 형성되어 있다.

펀드 ETF 거래를 시작하려면

ETF는 Exchange Traded Fund 의 약자이다. 풀어보면 거래소(Exchage)에서 거래되는(Traded) 펀드(Fund)라는 뜻이다. 여기서 펀드는 인덱스펀드를 의미한다. 주식을 매매하는 거래소에 인덱스펀드를 상장시켜 주식처럼 편리하게 거래할 수 있게 만든 것이 ETF의 가장 큰 특징이다.

ETF 거래를 시작하기 위해서는 신분증과 가입금액을 준비한 후 증권회사를 방문하거나 온라인으로 증권계좌를 개설하면 된다. 이미 증권계좌를 가지고 있다면 별도 절차 없이 ETF 거래를 할 수 있다. ETF 거래 화면을 보자.

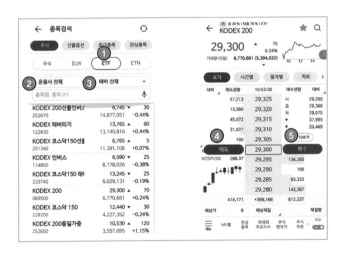

① 증권회사에서 제공하는 모바일 어플리케이션에 로그인하여 ETF 종목으로 검색할 수 있다.

② ETF를 운용하는 회사별로 검색할 수 있다. 상품명을 보면 운용 회사가 어디인지 알 수 있다.

미래에셋자산운용은 'TIGER~', 삼성자산운용은 'KODEX~', 한국투자신탁운용은 'KINDEX~', 한화자산운용은 'ARIRANG~'로 상품명이 시작된다.

③ 코스피, 코스닥, 해외 등 ETF의 특징을 나타내는 테마에 따라 분류해서 볼 수 있다.

④ 매도할 경우 시세를 나타낸다.

⑤ 매수할 경우 시세를 나타낸다.

은행에서도 신탁 형태로 ETF에 가입할 수 있다. 은행에서는 시장 변동사항을 체크하여 주기적으로 추천 ETF를 업데이트하고 있어서 400개가 넘는 ETF 중 검증된 ETF에 가입할 수 있다는 장점이 있다. 또 증권회사에서 직접 가입할 때와 달리 별도로 증권 계좌를 만들 필요가 없어 편리하다. 하지만 은행에서 ETF에 가입하면 별도의 판매수수료가 부과되므로 가입하기 전에 확인해봐야 한다.

왜 ETF 투자를 권하시나요?

ETF가 갖고 있는 장점에 대해 알아보자.

먼저 실시간 거래가 가능하다. 일반펀드는 여러 사람의 돈을 모아 투자를 하기 때문에 실시간으로 기준가가 얼마인지 확인할 수 없다. 펀드 가입 시 기준가가 결정되는 데 하루 이상 소요되며, 환매를 할 때도 실시간으로 기준가가 적용되지 않는다. 하지만 ETF는 거래소에 상장되어 있으므로 시간차 없이 가격을 바로바로 확인할 수 있다.

둘째, 비용이 저렴하다. 주식형펀드의 수수료와 보수를 합치면 2%를 넘는 경우가 많다. 하지만 ETF는 시장 변동을 그대로 따라가게 만든 상품으로, 종목 선정, 시장 분석, 회사 리서치 등을 하는 데에 드는 비용이 없어서 운용비용이 일반펀드에 비해 저렴하다. 증권계좌 이용 시 ETF는 평균적으로 0.5%의 운용보수만 부담하면 된다. 참고로 ETF에는 기존 펀드에 부과되는 환매수수료(일정 기간 내에 펀드 환매 시 투자자가 부담해야 하는 비용)가 없고, 주식거래 시 투자자가 부담해야 하는 증권거래세(0.25%)도 면제다. 비용을 고려한다면 펀드 대비 여러 모로 강점이 있다.

셋째, 분산투자를 할 수 있다. 예를 들어, 우리나라 금융업의 미래를 밝게 보고, 은행 관련 주식에 투자하고 싶다면 신한지주,

KB금융, 하나금융지주 등의 은행주를 각각 선택하고 주식을 사야 한다. 하지만 은행업종을 추종하는 ETF에 투자하면 특정 종목이 아니라 여러 종목에 적은 금액으로 분산투자 하는 효과를 얻을 수 있다. 분산투자를 하면 개별 주식보다 변동성이 적어져, 결과적으로 투자리스크를 낮출 수 있다.

넷째, 투명성이 높다. 일반 펀드는 어떤 자산에 얼마만큼 투자하고 있는지 알려면 일정 시간이 지나야 한다. 하지만 ETF는 자산구성 내역(PDF, Portfolio Deposit File)을 통해 보유하고 있는 주식의 종류와 수량을 실시간으로 확인할 수 있다.

ETF 수익에도 세금이 붙나요?

국내 주식형 ETF는 매매를 통해 발생하는 차익에 대해서는 세금이 없다. 그러나 주식형 외에 원자재나 채권 관련 국내 ETF는 배당소득으로 분류되어 매매차익에 대해 15.4%의 세금을 낸다. 또 ETF를 통해 보유하고 있는 주식에서 배당을 받거나 현금 운영으로 인한 수익, 채권의 이자 등 분배금이 발생할 때도 공통적으로 배당소득세 15.4%를 낸다.

반면, 해외 주식시장에 상장된 ETF를 매매할 때는 국내 ETF

와 다르게 양도소득세 22%를 부담해야 한다.

해외상장 ETF는 연간 기본 공제 대상에 속하여 매매차익 250만 원까지는 세금이 발생하지 않고, 금융소득종합과세 대상에도 포함되지 않는다. 그래서 높은 종합소득세가 염려되는 사람이라면 절세 목적으로 해외상장 ETF를 활용할 수 있다.

ETF에 부과되는 세금을 표로 나타내면 다음과 같다.

구 분	국내주식형 ETF	국내 기타 ETF	해외상장 ETF
매매차익	비과세	배당소득세 15.4%	양도소득세 22%
분배금	배당소득세 15.4%	배당소득세 15.4%	배당소득세 15.4%
금융소득 종합과세	2천만 원 넘으면 과세 대상		해당 없음 (분리과세로 끝)
해당 ETF	KODEX200 KODEX코스피 등	KODEX레버리지 KODEX인버스 등	

(예) 해외상장 ETF에서 300만 원 차익 발생 시 세금은?
기본공제액 250만 원을 차감한 후, 50만 원에 대한 양도소득세 22%(11만 원)를 낸다.

ETF 단점은 없을까?

펀드와 주식의 장점을 골고루 갖고 있는 ETF는 21세기 최고의 재테크 수단으로 평가되고 있다. 하지만 ETF가 항상 큰 수익을 보장하는 것은 절대 아니다. 기초 자산에 따라 수익이 결정되는 상품이므로 여전히 '원금 손실'의 위험이 있으며, 몇 가지 단점도 동시에 갖고 있다는 것을 명심해야 한다.

우선, ETF의 거래 규모가 작거나 거래량이 많지 않은 경우 주식처럼 상장 폐지될 위험이 있다. '상장 폐지'란 해당 ETF가 거래소 시장에서 없어져버리는 것으로, 손실인 상태에서 상장 폐지될 경우 해당 ETF에 투자한 원금을 회복할 기회가 영영 없어진다. 다만, 주식처럼 완전히 휴지조각이 되는 것은 아니고 '주당순자산가치(NAV, Net Asset Value)'에 기초하여 투자금 일부를 현금으로 투자자에게 지급한다. 주당순자산가치는 ETF의 자산 총액에서 부채를 차감한 '순자산가액'의 가치를 말하는데, 전일 종가(전날 주식시장이 폐장할 때의 가격)를 기준으로 산출한다.

또 ETF는 종류가 너무 많아서 초보투자자들이 본인에게 알맞은 상품을 스스로 선택하기 어렵고, 환매수수료 없이 자유롭게 매매가 가능하다보니 단기수익에만 집착하거나 지나치게 잦은 매수·매매로 이어질 수 있는 단점도 있다.

소리 소문 없이 컴백한
ISA

'가입해달라는 은행원의 간청을 거절하느라 애먹은 상품.' 많은 직장인들이 ISA를 이렇게 기억한다. ISA(개인종합자산관리계좌, Individual Savings Account)는 2016년 3월, '전 국민을 부자로 만든다.'는 모토로 야심차게 출시되었다. 초기에는 '국민 재테크 통장'이라 불리며 많은 기대를 받았지만, 예상과 달리 고객들의 외면을 받았고, 많은 은행원들을 구걸 영업에 매달리게 한 원흉이 되었다.

ISA가 뭐기에
나를 부자로 만들어주죠?

ISA는 '다양한 금융상품을 담을 수 있는 바구니'라고 이해하면 된다. ISA 계좌 하나에 안정적인 예적금뿐 아니라 펀드, ELS, ETF 등 여러 상품을 복합적으로 구성할 수 있다.

ISA는 입금한 돈을 누가 운용하느냐에 따라 '신탁형'과 '일임형'으로 구분한다.

'신탁형'은 ISA 상품 바구니 안에 담을 상품을 가입자 스스로 구성하는 방법이다. '내 돈은 내가 관리한다, 은행은 거들 뿐'이라는 투자 성향을 가진 고객에게 어울린다.

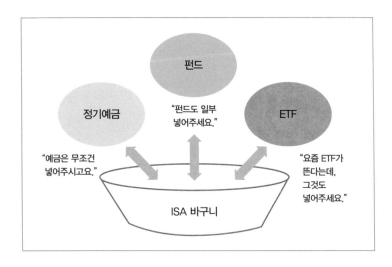

'일임형'은 은행 등 금융회사에서 미리 상품을 구성해서 고객에게 제시하는 방법이다. 금융상품에 대해 잘 모르거나 스스로 돈을 관리할 자신이 없을 때, 전문가에게 운용을 맡기는 것이다.

ISA는 전 금융권에서 한 개만 가입할 수 있으므로 신탁형과 일임형 중 본인에게 맞는 것을 신중히 선택해야 한다.

ISA에 가입하는 법

ISA에는 가입한 은행뿐 아니라 다른 은행의 상품도 담을 수 있다. 예를 들어, 신한은행에서 판매하는 ISA 상품에 가입하고, 하나저축은행에서 판매하는 정기예금을 ISA에 편입할 수 있다. 일반적으로 저축은행의 예·적금 이율은 시중 은행보다 높으므로, 금리 0.1%도 아쉬웠던 사람이라면 ISA를 이용해 접근성이 낮아 가입하지 못한 저축은행상품을 시중 은행에서 가입할 수 있다. 단, ISA는 가입할 수 있는 조건이 있는데 다음과 같다.

1. 직전 3개 연도 중 근로소득이나 사업소득이 있는 자 또는 농어민
2. 신규 취업자는 당해년도 소득이 있는 자 (단, 직전연도 금융소득종합과세자는 제외)

금융소득종합과세자란 1년에 이자로 받는 금액과 배당으로 받는 금액의 합계액이 2천만 원을 초과하는 사람이다. 직전년도 금융소득이 2천만 원을 초과되어 금융소득 종합과세자에 해당할 경우에는 ISA에 가입할 수 없다.

전 국민을 부자로 만들기 위해 태어난 상품이라면서, 가입대상이 복잡하게 설계된 것이 모순처럼 보일 수도 있겠다. 어쨌든 계좌 신규를 위해서는 소득을 증빙하는 '소득확인증명서(개인종합자산관리계좌용)'가 필요한데, 국세청 홈택스 홈페이지(www.hometax.go.kr) 또는 주민센터에서 발급할 수 있다.

농어민에 해당하는 사람은 '농업인확인서(국립농산물품질관리원 발급)' 또는 '어업인확인서(지방해양수산청)'를 준비해야 한다.

ISA에 가입한 후 입금할 수 있는 한도는 연간 2천만 원이며, 의무적으로 상품을 유지해야 하는 기간은 5년이다. 이렇게 긴 의무 가입 기간 때문에 ISA에 가입하러 왔다가 돌아선 고객들도 꽤 많았다.

다만 아래 요건을 충족하면 의무 기간이 5년에서 3년으로 짧아진다.

1) 청년형: 만 15세 ~ 29세 청년

2) 서민형: 총급여 5천만 원 이하 근로소득자 또는 종합소득 3

천 500만 원 이하 사업소득자

3) 그외: 국민기초생활보장법에 따른 자산형성지원금*을 받는 사람

지금까지 알아본 ISA의 특징을 정리해보자.

ISA는 우선 여러 상품을 동시에 담을 수 있는 바구니와 같은 역할을 하는 금융상품으로, 일정한 자격을 갖춰야만 가입할 수 있다. 1년에 최대 2천만 원까지 자유롭게 입금할 수 있고 의무가입 기간은 5년이므로 최대 1억 원(2천만 원 × 5년)까지 ISA에 입금할 수 있다. 나이가 적거나 소득이 일정 금액 이하이면 의무가입 기간이 5년에서 3년으로 줄어든다.

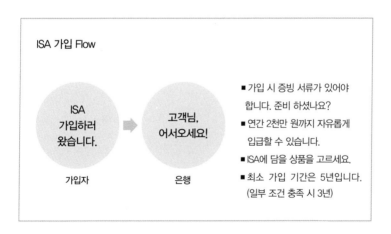

ISA 가입 Flow

ISA 가입하러 왔습니다.
가입자

고객님, 어서오세요!
은행

- 가입 시 증빙 서류가 있어야 합니다. 준비 하셨나요?
- 연간 2천만 원까지 자유롭게 입급할 수 있습니다.
- ISA에 담을 상품을 고르세요.
- 최소 가입 기간은 5년입니다. (일부 조건 충족 시 3년)

* 근로소득이 있는 저소득층을 대상으로 저축분의 일정 비율을 정부가 지원해주는 제도

ISA의 혜택을 알아보자

ISA에 가입한 사람들에게는 통산, 비과세, 분리과세, 연금계좌 추가납입 및 세액공제 혜택이 기다리고 있다.

1) 통산: ISA 안에 담은 상품 중 이익이 난 부분에서 손실이 난 부분을 차감한 뒤 최종적으로 순이익에 대해서만 과세를 하는 것이다. 예를 들어, ISA에 2개의 금융상품을 담고 있으며 각각의 상품에서 수익 500만 원, 손실 200만 원이 발생했다면? 통산 후 순이익 300만 원에 대해서만 세금을 낸다.

2) 비과세: ISA를 통해 발생한 수익에 대해서는 최고 200만 원 (일부 조건˙ 충족 시 400만 원)까지 비과세 즉, 세금을 부과하지 않는다.

3) 분리과세: 종합과세에서 분리되어 특정세율이 적용되는 것을 말한다. ISA에서 발생하는 수익은 일반적인 금융소득에 붙는 세율 15.4%보다 낮은 9.9%로 분리과세되며 금융소득종합과세 대상에도 합산되지 않는다.

* 총급여 5천만 원 이하 근로소득자 또는 종합소득 3천 500만 원 이하 사업소득자

분리과세 혜택은 아래 그림과 같이 일반상품과 ISA를 비교하면 쉽게 이해할 수 있다.(총급여 5천만 원 이하 근로자인 경우)

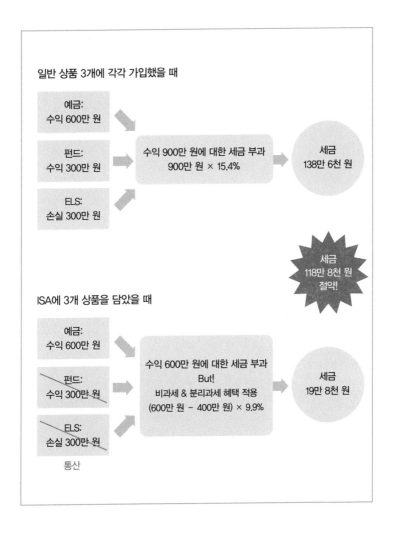

일반 상품 3개에 각각 가입했을 때

예금:
수익 600만 원

펀드:
수익 300만 원

ELS:
손실 300만 원

수익 900만 원에 대한 세금 부과
900만 원 × 15.4%

세금
138만 6천 원

세금
118만 8천 원
절약!

ISA에 3개 상품을 담았을 때

예금:
수익 600만 원

펀드:
수익 300만 원

ELS:
손실 300만 원

통산

수익 600만 원에 대한 세금 부과
But!
비과세 & 분리과세 혜택 적용
(600만 원 – 400만 원) × 9.9%

세금
19만 8천 원

4) 연금계좌(연금저축, 퇴직연금): 연금계좌에는 연간 총 1천 800만 원까지 입금할 수 있다. 하지만 만기가 된 ISA 원금을 연금계좌로 옮기면 그 금액만큼 한도가 늘어난다. 예를 들어 ISA 만기 금액 6천만 원을 연금계좌로 입금할 경우, 연금계좌 총 납입 한도는 기존 1천 800만 원에서 7천 800만 원이 된다. 추가납입할 때는 납입한 금액의 10%(최대 300만 원)만큼 세액공제를 받을 수 있다. 이는 ISA로 모은 자산을 노후를 대비한 연금저축 및 퇴직연금으로 유도하기 위한 것이다.(2020년부터 적용)

ISA로 세금 아끼기

ISA는 만기 시점에 비과세 혜택을 받으면서 해지할 수 있다. ISA가 출시된 시점이 2016년 이므로, 2019년부터 계좌가 만기 되는 사람이 생긴다. 혹시 내가 그 대상이라면, 절세를 위해 다른 금융상품에 가입하지 말고 ISA에 추가 입금을 하여 비과세 혜택을 누리자.

창구에서 만나는 고객들의 ISA를 보면 가입할 때 1만 원만 넣은 채 방치한 경우가 많다. 지금이라도 최대한 많은 돈을 입금하면 짧은 기간만 거치하고도 비과세 혜택을 받을 수 있다.

또 ISA에 편입할 상품을 구성할 때는 주식매매차익에 대해 비과세 혜택을 이미 받고 있는 주식형펀드나 국내 ETF 상품보다는, 개별적으로 가입할 때 세금을 내야 하는 채권형펀드나 ELS, 해외펀드, 해외상장 ETF로 상품을 구성하는 것이 세금을 조금이라도 더 아끼는 방법이다.

알고 보면 꽤 괜찮은 IRP

아무리 현재를 즐기며 사는 직장인들이 많다 하더라도 마음 한 편에는 노후에 대한 걱정이 자리잡고 있다. 그래서인지 먼 미래의 나를 위한 진정한 노후대비 상품 IRP(개인형퇴직연금)에 대해 문의하는 고객들이 꽤 많다. 하지만 막상 가입 기간을 이야기하면 마음을 돌리고 만다.

사실 IRP(개인형퇴직연금)는 태생적으로 말 자체가 너무 어렵다. 그러다보니 판매를 하는 은행원도 고객에게 설명하는 데 많은 시간이 걸리고, 고객들도 짧은 상담 시간 동안 낯선 상품을 이해하는 데 어려움을 겪고 있다.

IRP가 뭐예요?

IRP는 Individual(개인) Retirement(퇴직) Pension(연금)의 줄임말이다. 한마디로 '퇴직을 대비하는 적금'이라고 해석할 수도 있겠다. IRP가입대상은 근로자, 개인사업자, 임대사업자, 공무원, 교사 등 '소득이 있는 모든 개인'이다.

I (Individual)

- 개인(Individual)이 가입하는 상품.
- 회사에서 대신 가입해주는 것이 아님.
- 직장인도, 법인 대표도, 개인 사업자도 모두 가입 가능.

R (Retirement)

- 퇴직(Retirement)할 때를 대비해 미리 돈을 모아놓는 곳.
- 퇴직금을 회사에서 현금으로 바로 받지 않고, IRP계좌를 통해 받음.

P (Pension)

- 퇴직금을 연금(Pension)으로 받을 수 있는 상품.
- '일시금'으로 수령 가능. 단, 연금으로 받으면 퇴직소득세 30% 절감.

55세 미만의 근로자는 회사에서 퇴직할 때 퇴직금을 현금으로 받는 게 아니라 IRP계좌를 거쳐 입금받는다.(일부 예외 있음) 퇴직

신청을 하면 인사부나 총무부에서 IRP 계좌 사본을 제출하라는 것도 이런 이유 때문이다.

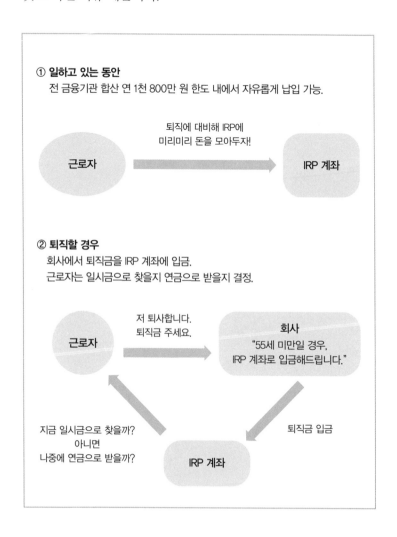

회사에서 IRP로 퇴직금을 입금하면 퇴직한 근로자는 퇴직금을 일시금으로 받을지, 연금으로 받을지 선택한다. 돈이 일시에 필요한 경우에는 IRP에 있는 퇴직금을 한 번에 찾으면 된다. 이때 일반적인 입출금통장에서 출금하는 방식이 아니라 IRP 계좌 자체를 해지해야 한다. 55세 이후에 연금으로 받고 싶다면 IRP에 입금된 퇴직금을 연금으로 받을 때까지 어떤 상품으로 운영할지 결정해야 한다.

IRP가 갖고 있는 장점

IRP의 가장 큰 장점은 소득과 상관없이 누구나 연간 700만 원 한도 내에서 16.5%(또는 13.2%)만큼 세액공제를 받을 수 있다는 점이다. IRP 단독으로 공제받을 수 있는 한도는 700만 원이며* 기존에 연금저축(펀드, 신탁, 보험)에 가입한 경우에는 두 상품을 합친 금액 700만 원 이내에서 가능하다.

0.1%이라도 이자를 더 주는 은행을 찾아 헤매는 시대에 IRP

---

* 단독 한도는 연 700만 원이나, 가입자 연령이 50세 이상이며 금융소득 종합과세 비대상자 중 총급여 1억 2천만 원 이하(근로소득만 있는 경우), 종합소득 1억 원 이하 시 연 900만 원(2020년부터 적용)

는 입금만 해도 매년 나라에서 입금액의 최대 16.5%까지 세금을 돌려주니, 결코 작은 혜택이 아니다. 더불어, 세액공제로 돌려받은 돈을 다시 IRP에 입금하면 복리효과와 추가 투자 수익도 기대할 수 있다.

대상	공제율	세액공제액(지방소득세 포함)
■ 총급여 5천 500만 원 이하 (근로소득만 있는 경우) ■ 종합소득금액 4천만 원 이하	16.5%	최대 115만 5천 원 (700만 원 × 16.5%)
■ 총급여 5천 500만 원 초과 (근로소득만 있는 경우) ■ 종합소득금액 4천만 원 초과	13.2%	최대 92만 4천 원 (700만 원 ×13.2%)

　IRP 상품을 신규하는 것은 여러 금융상품을 한꺼번에 담을 수 있는 바구니를 만드는 것으로 보면 된다. 정해진 상품 하나만 가입하는 것이 아니라 정기예금이나 펀드 등 여러 상품을 개인의 투자 성향에 따라 자유롭게 구성할 수 있다.

　최근에는 많은 고객들이 은퇴 시점에 맞춰 자산 비중을 자동으로 조정하는 TDF(Target Data Fund, 생애주기펀드)를 선택하고 있다. TDF는 투자자가 어떤 상품을 담을지 별도의 포트폴리오를 구성할 필요 없이, 투자자의 예상 은퇴 시점에 맞춰 위험자산 비중을 자동으로 조정하는 펀드다.

2035(2035년을 은퇴 시기로 맞춰 운용하는), 2040(2040년을 은퇴 시기로 맞춰 운용하는) 등으로 상품 이름에 은퇴 시점을 넣어 상품의 성격을 구분한다. TDF는 가입자가 젊을 때는 성장주나 고수익 채권 등 위험자산 비중을 높게 잡고, 은퇴 시점이 가까워질수록 배당주나 국공채 등 안전자산 비중을 높여 운영한다. 이 모든 것이 자동으로 이루어지므로, 고객 입장에서는 매번 IRP에 담을 상품 비율을 정하거나 상품 종류를 재구성하는 번거로움을 덜 수 있다.

IRP 바구니를 정기예금으로 가득 채워 놓고 남들보다 수익률이 낮다고 불평하거나, 펀드 위주의 공격적인 상품만 가득 담고 원금 손실이 나서 괴롭다는 불평은 설득력이 떨어진다. 상품 교체나 비중 조정은 언제든 가능하므로 적극 활용하자.

그러면 IRP는 단점이 없나요?

세금을 덜 내는 혜택을 볼 수 있고 상품 구성을 바꾸는 것도 별도 비용 없이 가능해서 마치 완벽한 상품처럼 보이는 IRP의 단점은 무엇일까.

IRP는 가입 기간이 길다. 최소 5년 이상 가입해야 하고 가입자의 연령이 55세가 넘어야 연금으로 수령할 수 있다.

그리고 애초부터 IRP는 연금수령(Pension) 용도로 만들어진 상품이므로 중도에 해지하면 기존에 받았던 세금 혜택이 모두 사라진다. 즉, 연금으로 받으면 30% 절약됐던 퇴직소득세는 원래대로 100% 부담해야 하고, 가입 기간 동안 매년 세액공제를 받았던 금액과 운용을 통해 수익이 발생한 금액에 대해서도 기타소득세 16.5%를 내야 한다.

그래서, 가입하는 것이 좋을까요?

IRP는 어디까지나 연금, 즉 나눠서 돈을 받는 것에 초점을 맞춰야 한다. 연금으로 받을 목적으로 IRP를 가입한다면 가입 기간 동안 최고 16.5%까지 매년 세금을 줄일 수 있는 혜택을 주고, 금융상품 운용을 통해 추가 이익까지 기대할 수 있으며, 55세가 넘은 뒤에는 두 번째 월급이라 할 수 있는 연금을 수령하는 일석삼조의 효과를 볼 수 있다.

하지만 중도에 해지(일시금 수령 시)할 경우에는 이러한 혜택이 모두 사라진다. 앞에서 살펴본 바와 같이 중도해지 시 기타소득세는 세액공제를 받은 개인부담금 뿐만 아니라 추가로 발생한 운영 수익에 대해서도 16.5%를 부담해야 한다. 즉, 가입 기간에 혜택 받은 세금보다 중도해지로 토해내는 세금이 더 많은 구조이다. 그러므로 무리해서 많은 금액을 넣는 것보다 본인의 소득을 고려하여 IRP에 입금하는 전략을 써야 한다.

사람들마다 가치관이 다르기 때문에 '막연한 먼 미래를 대비하는 것보다 현재 소비를 통한 만족이 낫다.'와 '하루라도 빨리 미래를 준비하는 게 낫다.' 중 한 쪽에 몰표를 주기는 어렵다. 하지만 우리는 100세 시대에 직면해 있고, 준비되지 않은 노후는 두려움으로 다가올 수도 있으며, 이 순간에도 나는 나이를 먹고 있음을 감안한다면, 'IRP를 통해 미래를 준비하는 게 낫다.'에 한 표 던지고 싶다.

내 퇴직금은
소중하니까

"우리 회사는 DC에 가입되어 있어요. 은권 씨도 가입해야 하니, 여기에 이름 쓰고 서명하세요."

신입 사원 은권 씨는 두 번이나 같은 설명을 듣고 있지만 DC, 퇴직연금 등 이해되지 않는 어려운 단어 때문에 어리둥절하다. 은권 씨가 조금 더 이해할 수 있도록 위의 설명을 재구성해보자.

"은권 씨. 우리 회사에 들어온 지 얼마 안 됐잖아요. 그래서 이번에 퇴직연금에 가입해야 돼요. 퇴직연금은 나중에 은권 씨가 회사를 그만 둘 때 받는 퇴직금을 말하는데, 우리 회사는 DC라고 해서 '퇴직연금제도'에 가입되어 있고 퇴직금을 받기 전까지 퇴직금 운영

관리를 은권 씨가 직접 해야 하거든요. 관리가 그렇게 어려운 건 아니고, 예금으로 굴릴 건지 주식형 펀드나 채권형 펀드 등을 함께 운영할 건지 은권 씨 성향에 따라 비율을 정해서 등록하면 돼요. 등록한 다음에도 다른 상품으로 변경할 수 있으니까 퇴직연금 수익률은 주기적으로 확인해 볼 필요가 있어요. 지금 당장 결정하기 어려우면 나중에 다시 오세요."

'퇴직연금제도'는 근로자가 퇴직할 때 지급해야 할 퇴직금을 외부금융기관에 맡겨서 대신 관리하게 하고, 퇴직 시 일시금이나 연금으로 근로자에게 지급하는 것이다.

2016년부터 300명 이상 근로자가 일하는 회사는 의무적으로 퇴직연금제도에 가입하게 되어 있고, 2017년에는 100인 이상, 2018년에는 30인 이상, 2019년에는 10인 이상 회사로 의무 가입대상을 확대했다.(2022년에는 모든 회사가 퇴직연금제도에 가입해야 한다.)

퇴직연금제도의 핵심 키워드는 '외부금융기관'이다. 기존 퇴직금제도는 직원들의 퇴직금을 회사 내에 보유하고 있어서, 회사가 파산하면 근로자가 퇴직금을 받지 못하는 경우도 많았다.

이에 반해 퇴직연금제도는 은행이나 증권사, 보험회사 등 외부 금융회사에 퇴직금을 적립하여, 회사 상황과 관계없이 근로자가 퇴직금을 수령할 수 있게 보장한다.

퇴직할 때 정해진 금액을 받는 DB

퇴직연금은 운영 주체에 따라 DB(Defined Benefit)와 DC(Defined Contribution)로 나뉜다.

먼저 DB는 Defined Benefit의 약자로, 직역하면 '확정되고 정해진(Defined) 수당(Benefit)'을 받는 제도다. 이때 '확정되고 정해진 금액'의 퇴직금은 '퇴직하기 전 3개월 월 평균 임금 × 근속 연수'로 계산한다. 외부 금융회사에 퇴직금을 쌓아둔다는 점을 제외하면 사실상 기존 퇴직금과 동일한 성격을 갖고 있다. DB는 '내가 퇴직할 때 정해진 금액을 받는구나.'라고 생각하면 쉽다. 예시를 통해 알아보자.

1년 차 평균 임금	100만 원
2년 차 평균 임금	105만 원
3년 차 평균 임금	110만 원
4년 차 평균 임금	116만 원
5년 차 평균 임금	122만 원
퇴직금 = 122만 원 × 5 년 = 610만 원	

DB는 회사가 퇴직금 재원을 외부 금융기관을 통해 운영하고 책임진다. 회사가 퇴직금 재원 마련을 정기예금으로 하든 펀드로

하든 근로자에게는 아무런 책임이 없다.

극단적인 예로 내가 받을 퇴직금이 2억 원인데 회사가 운용을 잘 못해서 1억 원이 된 경우에도 회사는 원래 정해진 2억 원을 퇴직금으로 지급해야 한다. 즉, 퇴직금의 운용과 지급에 대한 책임은 전적으로 회사에 있다.

DB는 근로자 입장에서 근속 연수에 따라 받을 수 있는 퇴직금이 정해져 있다. 회사가 금융기관을 통해 퇴직금 운영을 잘 했다고 해서 근로자에게 더 주는 것도 없고, 혹시라도 운영을 잘 못해서 마이너스가 되어도 근로자에게는 '퇴직하기 전 3개월 월 평균임금 × 근속 연수'로 계산된 퇴직금을 지급해야 한다.

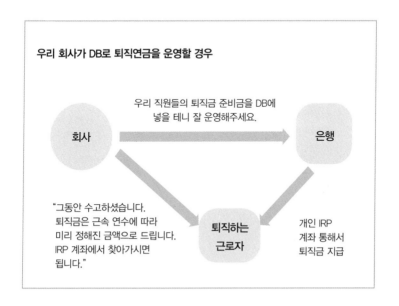

우리 회사가 DB로 퇴직연금을 운영할 경우

우리 직원들의 퇴직금 준비금을 DB에
넣을 테니 잘 운영해주세요.

회사 → 은행

"그동안 수고하셨습니다.
퇴직금은 근속 연수에 따라
미리 정해진 금액으로 드립니다.
IRP 계좌에서 찾아가시면
됩니다."

퇴직하는
근로자

개인 IRP
계좌 통해서
퇴직금 지급

근로자가 퇴직하면 퇴직금은 IRP로 입금되고, 근로자는 일시금 혹은 연금으로 퇴직금을 수령한다.

개인의 운용 실적에 따라
퇴직금 금액이 바뀔 수 있는 DC

DC는 Defined(확정되고, 정해진) Contribution(기여, 부담금)의 약자이다. 회사는 근로자의 퇴직금에 해당하는 금액을 외부 금융기관에 입금해야 하는데 이때 매년 입금하는 금액이 Defined(확정)된 제도이다. DC는 '근로자가 퇴직할 때 받는 퇴직금을 준비하기 위해 매년 회사는 한 달 월급 정도(연간 임금총액 × 1 / 12)를 금융기관에 적립하고 있구나.'라고 생각하면 쉽다.

DB와 다른 점은, 입금액에 대한 운영 책임이 회사가 아닌 근로자에게 있다는 것이다. 회사의 의무는 한 달치 월급 정도에 해당하는 금액을 근로자 DC에 입금하는 것으로 끝난다. 근로자는 DC에 매년 입금된 퇴직금 재원을 개인 투자 성향에 따라 예금으로 안전하게 보관할 수도 있고, 주식이나 채권에 공격적으로 투자할 수도 있으며, 몇 가지 상품을 혼합하여 운용할 수도 있다. 단, 이에 따른 원금 손실 등에 대한 책임은 근로자 본인에게 있다.

매년 회사에서 꼬박꼬박 입금한 퇴직금 부담금을 근로자가 잘 운용하면 운용 수익이 더해져 퇴직금으로 받는 금액은 원금보다 불어난다. 반대로 제대로 운용하지 못하면 마이너스가 되어 회사에서 입금한 원금에서 그만큼 손실이 난다.

결과적으로 DC제도로 퇴직연금을 운영하는 회사에 다니는 근로자가 퇴직할 때 받는 퇴직금은 '회사가 입금한 부담금 누계

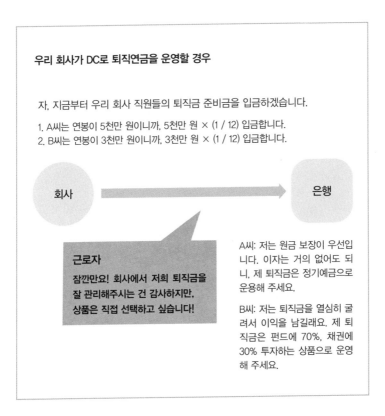

우리 회사가 DC로 퇴직연금을 운영할 경우

자, 지금부터 우리 회사 직원들의 퇴직금 준비금을 입금하겠습니다.

1. A씨는 연봉이 5천만 원이니까, 5천만 원 × (1 / 12) 입금합니다.
2. B씨는 연봉이 3천만 원이니까, 3천만 원 × (1 / 12) 입금합니다.

회사 → 은행

근로자
잠깐만요! 회사에서 저희 퇴직금을 잘 관리해주시는 건 감사하지만, 상품은 직접 선택하고 싶습니다!

A씨: 저는 원금 보장이 우선입니다. 이자는 거의 없어도 되니, 제 퇴직금은 정기예금으로 운용해 주세요.

B씨: 저는 퇴직금을 열심히 굴려서 이익을 남길래요. 제 퇴직금은 펀드에 70%, 채권에 30% 투자하는 상품으로 운영해 주세요.

액 + 운영 수익' 또는 '회사가 입금한 부담금 누계액 – 운영 손실'
이 된다. DC를 통해 퇴직금을 수령할 때에도 일시 수령 혹은 연
금 수령 중 하나를 택해야 한다.

DB와 DC 어느 쪽이
직장인에게 유리할까요?

앞서 본 DB의 경우 근로자가 받는 퇴직금은 '퇴직 전 3개월
월평균 임금 × 근속 연수'이므로, 매년 연봉이 오른다면 DB가
유리하다. 즉, DB는 기본적으로 장기 근속이 가능한 회사에 적합
하다. 또 DB는 근속 연수에 따라 정해진 퇴직연금이 지급되므로
근로자가 퇴직연금 운용에 대해 별도로 신경 쓸 필요가 없다.

반면 금융시장의 움직임이나 주식 시세에 관심이 많거나, 본
인의 퇴직금을 종잣돈 삼아 적극적인 투자를 하고 싶은 사람이라
면 DC가 더 적합한 퇴직연금제도일 것이다. 근속 연수에 따라 임
금상승률이 적은 경우에도 DC가 유리하다.

우리 회사가 어떤 방식으로 퇴직연금을 운용하고 있는지는 금
융감독원 통합연금포털 홈페이지(100lifeplan.fss.or.kr)의 '내 연금조
회' 코너에서 확인할 수 있다.

회사에서 퇴직연금제도를 DC로 운영하는 경우, 퇴직금 운용에 대한 책임은 근로자에게 있다는 것을 다시 한 번 강조하고 싶다. 정기예금으로 지나치게 보수적으로 운용되고 있는 것은 아닌지 혹은 투자상품에 너무 높은 비율로 등록되어 있는 것은 아닌지 한 번쯤은 확인하는 것이 좋다.

번거롭게 느껴질 수 있겠지만, 주기적으로 투자 비율과 평가 금액을 살펴보면서 비율 변경(rebalancing)을 고민해야 한다. 직장인에게 퇴직금은 가장 큰 선물이니까!

4장
⋮
대출 잘 받는 것도 재테크다

은행원이
쉽게 풀어 쓴 대출 이야기

입행을 하면 신입직원 연수를 마친 후 대부분 영업점으로 발령을 받는다. 처음에는 예금을 포함한 수신업무를 배우고 조금 익숙해지면 대출업무를 맡는다. 신입 은행원들은 대출상품의 종류가 워낙 다양하고 업무 범위가 넓다 보니, 일을 배우는 데 어려움을 겪곤 한다. 특히 대출 관련 용어는 한국말인데도 이해하기 어려운 게 많다.

은행원도 열심히 배워야 익힐 수 있는 대출 용어, 일반인들에게는 훨씬 어렵고 멀게 느껴질 것이다. 궁금했지만 창구에서 편히 묻지 못했던, 대출 용어들의 뜻을 알아보자.

1. 담보대출과 신용대출

'담보대출'이란, 대출을 신청할 때 은행에 부동산(不動産, 움직일 수 없는 재산. 토지, 건물 등) 또는 동산(動産, 움직일 수 있는 재산. 예금 등)을 담보로 제공하는 대출을 말한다. 담보로 취득할 수 있는 대상은 각 은행별로 정해져 있으며, 부동산 담보는 보통 주택, 상가, 토지 등을, 동산 담보는 보증서, 예금 등이 담보로 인정된다. 일반적으로 담보대출은 신용대출보다 금리가 낮다.

'신용대출'이란, 별도의 담보 없이 대출 신청자의 신용만으로 받을 수 있는 대출이다. 개인의 신용등급이나 소득, 재직 현황 등 객관적으로 증빙할 수 있는 있는 서류를 토대로 신용대출 가능 여부, 대출가능액과 대출금리가 결정된다.

한편, 주택을 담보로 잡고 은행에서 대출을 받는 '주택담보 대출'을 '모기지론(Mortgage Loan)'이라고 한다. 모기지(mortgage)는 mort와 gage의 합성어인데, mort는 '죽음'을, gage는 '약속'을 각각 뜻한다. 그러므로 모기지론은 '죽을 때까지 갚아야 하는 약속'이라는 뜻이다. 용어의 뜻을 알고 나니 왠지 씁쓸해진다.

2. 건별대출과 한도대출

건별대출은 신청한 대출 범위 내에서 대출을 받고, 한 번 상환하면 상환한 금액을 재사용할 수 없는 방식이다. 승인된 대출금액만큼 일시금으로 통장에 입금된다. 예를 들어, 1억 원 대출 신청을 하고 은행의 승인을 받았다면, 한 번에 1억 원을 수령한다.

'한도대출'은 건별대출과 달리 한 번 상환해도 다시 금액을 재사용할 수 있는 방식이다. '마이너스통장'이 대표적인 한도대출이다. 예를 들어, 1억 원 대출 신청을 하고 은행의 승인을 받으면 여러 번에 걸쳐 돈을 수령할 수 있다. 일반적으로 한도대출은 건별대출보다 금리가 높다.

3. 대출기간과 대출만기 연장

주택담보대출 같은 장기대출을 제외하면 보통 1년을 기준으로 대출기간이 결정된다. 대출기간이 종료되는 시점에 모두 상환을 하거나, 잔액이 남은 경우 기간을 연기해야 한다. 보통 대출만기 1개월 전에 은행에서 전화나 우편으로 연기 여부에 대해 채무자의 의사를 확인한다.

이렇게 대출기간 종료 후 대출기간을 연장하는 것을 '대출만기 연장'이라고 한다. 원한다고 무조건 기간을 연장할 수 있는 것은 아니고 연체 기록, 신용 상태, 직장이나 소득 변동 여부 등을 심사한 뒤 특이사항이 없는 경우에만 가능하다. 최초에 대출받을 때보다 은행 거래 실적이 증가했거나 소득이 많아진 경우에는 기존보다 금리를 낮게 조정하여 연기할 수도 있다.

4. 거치기간

대출을 받은 후 원금상환 없이 이자만 내는 기간을 말한다. 대출을 받은 직후에는 현금이 부족하므로 바로 원금을 상환하는 것이 부담스럽다. 이럴 때 이용할 수 있는 것이 '거치기간'이다. 거치기간이 지난 뒤에는 이자와 원금을 함께 상환해야 한다.

5. 중도상환 해약금

'중도상환 해약금'은 대출 기간 중 미리 원금을 상환할 때 은행에 내야 하는 일종의 페널티 성격의 수수료이다. 상품마다 기준이 다르므로 대출약정서를 작성할 때 부과 기준, 비율, 면제기간 등을 꼼꼼히 확인해야 한다.

중도상환으로 원금 일부를 갚으면 갚은 금액만큼 이자가 줄어든다. 그러므로 ①중도상환으로 부담하는 해약금과 ②중도상환으로 앞으로 덜 내는 이자를 비교하여 ②가 ①보다 크다면 중도상환 하는 게 유리하다.

6. 변동금리, 고정금리

변동금리 대출이란, 대출기간 중 금리가 변동되는 것이다. 변동금리는 '기준금리+가산금리'로 이루어지는데, 여기서 '기준금리'가 변동될 때 대출금리가 오르거나 내린다. 대출상품이 어떤 기준금리와 연동되어 있느냐에 따라 금리의 변동 주기는 달라진다. 3개월, 1년 등 여러 경우가 있으므로 대출약정서를 작성할 때 꼭 확인해야 한다.

가산금리는 대출상품마다 정해진 범위가 있고 대출 신청자의 신용등급이나 은행거래 실적에 따라 감면되거나 가산되어 최종 결정된다.

한편, 고정금리는 대출 기간 중 금리가 변경되지 않는다. 앞으로 금리가 오를 것이라 생각한다면 대출이자가 증가하지 않는 고정금리 대출이 유리하다.

7. 이자연체, 원금연체

이자연체는 이자 지급일에 통장 잔액 부족으로 이자가 정상으로 지급되지 않는 경우다. 이자연체액은 '연체금액 × 연체이율'로 계산되는데, 이때 연체이율은 정상 이자보다 높은 금리가 적용된다. 대출약정서에 별도로 명시되어 있으니 꼭 확인해야 한다.

원금연체는 이자연체가 일정기간 이상 지속되거나 대출만기가 지났는데도 원금이 분할 상환되지 않은 경우다. 원금연체가 되면 대출 잔액 전체에 대해 연체이율이 적용되어 이자가 순식간에 불어날 수 있으므로 주의해야 한다.

8. 만기일시상환, 원금균등상환, 원리금균등상환

원금을 상환하는 방법이다. '만기일시상환'은 대출만기가 되는 시점에 원금을 상환하는 방법, '원금분할상환'은 대출기간 중 원금을 동일하게 나눠서 상환하는 방법, '원리금분할상환'은 대출기간 중 원금+이자를 동일하게 나눠서 상환하는 방법이다.

살면서 대출은 가급적 받지 않는 게 가장 좋다. 그러나 어쩔 수 없이 받아야 하는 상황이라면 어떤 종류의 대출을 받을지, 향후 원금상환은 어떤 방법으로 할지, 적용되는 이율이 변동인지 고정인지 등 대출의 기본 조건에 대해 정확히 이해하고 자신에게 유리한 대출 방식을 선택해야 한다.

 BANKer TIP

원금분할상환 vs. 원리금분할상환

은행 대출 없이 집을 사면 좋으련만, 좀처럼 떨어지지 않는 집값으로 인해 어쩔 수 없이 주택담보대출을 이용하는 경우가 많다.

주택담보대출의 상환방식은 크게 '원금분할상환'과 '원리금분할상환'으로 나뉘는데, 한 번 주택담보대출을 받으면 10년 이상 장기로 쓰는 경우가 대부분이므로 상환방식을 꼼꼼히 따져야 한다.

'원금분할상환'은 매월 상환하는 원금이 동일한 방식이다. 매월 조금씩 원금이 상환되기 때문에 이자는 점점 줄어들고, 결과적으로 매월 상환하는 총금액도 조금씩 줄어든다. '원리금분할상환'은 매월 상환하는 '원금+이자'의 합이 동일한 상환방식이다.

그렇다면 둘 중, 어느 쪽이 유리할까? 예를 통해 확인해보자.

아래는 대출금액 1억 원, 대출금리 3.0%인 경우, 대출기간을 5년, 10년, 20년으로 각각 가정하여 대출기간에 따른 원금분할과 원리금분할 상환방식의 총납부이자액을 비교한 표이다.

기간	5년	10년	15년
원금분할 총 납부 이자	7,625,000	15,125,000	30,125,000
원리금분할 총 납부 이자	7,812,144	15,872,894	33,103,423
이자 차액	187,144	747,894	2,978,423

원금분할보다 원리금분할이 납부하는 이자가 더 많다. 그럼 원리금분할상환보다 원금분할상환방식이 항상 유리할까? 그렇지만은 않다. 위 표는 대출을 받은 후 추가 상환 없이 만기까지 대출금액을 유지했을 때를 가정한 것이다. 일부 금액을 중도상환할 경우에는 원금분할과 원리금분할의 이자 차액이 줄어든다. 또 원리금분할상환방식은 대출 초기에 부담하는 금액이 원금분할보다 적고, 매월 납입하는 금액이 일정하게 정해져 있어서 자금 관리 측면에서는 더 나을 수 있다.

신용관리,
왜 중요할까요?

한 고객이 은행 창구를 찾아 대출에 대해 묻는다.

"내가 이번에 이사를 하는데, 전세금이 조금 부족해서 신용대출을 받으려고 해요. 큰돈은 아니고, 2천만 원 정도?"

"네, 고객님. 신용대출이 필요하시군요. 신용대출은 우선 고객님의 신용도를 확인한 뒤 진행이 가능합니다."

"아유, 그건 말도 마요. 내가 신용 하나는 확실한 사람이거든!"

"그리고 고객님, 신용대출 심사를 위해 고객님의 소득을 증빙할 수 있는 서류와 일하시는 곳의 재직증명서가 필요합니다."

"아니. 수억 원을 빌리는 것도 아니고 단돈 이천만 원 빌리겠다는데 무슨 서류를 준비해요? 내가 그동안 이 은행 거래한 게 몇 년인데."

"신용대출 심사 시 꼭 필요한 서류라서요. 이해해 주십시오. 추가로 기본적인 질문 몇 가지 드리겠습니다. 혹시 다른 금융기관에 대출이 있거나 연체되신 사실이 있는지요?"

"다른 데서 대출받은 건 딱히 없는 것 같은데? 얼마 전에 차 살 때 H캐피탈에서 빌린 건 매달 50만 원씩 갚고 있고. 이것도 대출에 포함됩니까? 그리고 현금서비스 50만 원을 며칠 전에 쓴 거 외에는 없어요. 참, ABC은행에서 만든 마이너스통장에 이틀 정도 늦게 입금한 것 같은데. 뭐 바로 입금했으니까 문제는 없을 겁니다. 지금은 마이너스도 아니고."

당신이 대출을 심사하는 은행이라면, 신용에 자신이 있다고 말하는 이 고객에게 대출금을 내어주겠는가, 아니면 정중히 거절하겠는가?

은행에서 '신용이 좋다'는 의미

은행은 개인의 신용을 바탕으로 의사결정이 필요한 경우(대출심사, 신용카드 발급심사 등) 외부 신용 정보 회사가 제공하는 '개인신용등급 정보'를 가져와 심사에 이용한다. 당연히 신용이 좋을수록 금융기관에서 더 좋은 조건으로 대출 업무를 볼 수 있다.

신용등급은 1~10등급으로 표시되며 1등급에 가까울수록 신용 상태가 좋다는 뜻이다. 보통 은행에서는 NICE, KCB 등의 신용정보회사에서 제공하는 정보를 사용하는데, 은행원 임의대로 외부 신용정보 회사의 정보를 조회할 수는 없고, 고객에게 신용정보 제공 동의서를 받은 경우에만 정상적으로 확인할 수 있다. 등급별 점수는 신용정보 회사마다 다르다.

그렇다면 나의 신용등급을 직접 확인할 수도 있을까? 웹사이트 '나이스지키미(www.credit.co.kr)'에서 1년에 3회까지 무료로 신용등급을 확인할 수 있다. 주기적으로 자신의 신용등급을 확인하여 관리하는 것도 중요하다.

신용대출을 받을 때
필요한 기본 서류

신용대출은 담보 없이 고객의 신용으로만 평가하여 진행하는 대출이기 때문에 별다른 서류 없이 대출이 가능하다고 생각할 수 있다. 하지만 근로소득자의 경우 근로소득원천징수영수증과 재직증명서가 기본적으로 필요하다. 개인사업자는 사업자등록증,

소득금액증명원이 있어야 신용대출을 신청할 수 있다.

금액에 따라 차이는 있을 수 있지만, 대출 신청 금액이 적다고 해서 기본 서류가 면제되는 경우는 거의 없다.

신용관리, 어떻게 할까요?

꼭 필요할 때 금융회사에서 거절당하지 않도록 신용관리를 하고 싶은데, 무엇부터 하면 될까? 은행에서 고객들을 만나며 체득한 신용관리에 도움이 되는 것들을 공개한다.

첫째, 자동차 할부 캐피탈은 신중하게 받자. 최근에는 차를 구입할 때 은행에서 취급하는 차 대출을 먼저 알아보시는 사람들이 많지만, 여전히 금액이나 건수는 캐피탈에서 받은 대출이 압도적으로 많다. 은행권에서 신용대출을 심사할 때 캐피탈에서 받은 대출은 제2금융권 대출로 간주되기에, 신용등급을 매길 때 마이너스 요인이 될 가능성이 높다. 단순히 자동차딜러의 권유에 의해 대출을 결정하지 말고, 은행권 자동차대출과 대출조건을 비교해서 더 유리한 대출을 받자.

둘째, 적은 금액이라도 연체는 금물이다. 건전한 신용등급을 유지하기 위해서는 대출금액이 적거나 기간이 짧더라도 연체는 절대 하지 말아야 한다. 30만 원 이상 금액을 30일 이상 연체할 경우 단기연체로 분류되어 3년간 신용평가에 부정적인 영향을 미칠 수 있다. 이러한 신용거래 실적은 본인이 거래하는 금융기관에만 머무르는 것이 아니라 은행연합회를 통해 타 금융기관과 공유되고 있다는 점을 잊지 말자. 카드 현금서비스, 핸드폰 요금 미결제, 학자금 대출 미납, 마이너스 한도 초과 등 소액연체는 별 것 아니라고 생각할 수 있는데 이런 것들이 모여 신용등급에 악영향을 미친다.

 BANKer TIP

제2금융권 대출에 대한 불이익 완화

제2금융권 대출을 이용할 때 일률적으로 신용점수가 하락되는 문제점을 개선하기 위해 2019년 6월부터 신용평가를 할 때 어느 곳에서 대출을 받았는지보다 대출금리가 얼마인지에 더 큰 비중을 두도록 평가제도가 바뀌었다. 캐피탈사는 14% 이하, 카드사는 10% 이하의 금리로 대출을 받았다면 신용점수 하락 폭이 기존보다 적어진다. 그러나 신용점수가 하락하는 건 여전하므로 신중해야 한다.

셋째, 이직, 퇴직 전에 대출금을 먼저 살피자. 직장을 옮기거나 퇴직을 할 경우, 기존에 받았던 신용대출은 상환하는 것이 원칙이므로 미리 상환 계획을 세워야 한다. 상환이 안 될 경우 연체로 이어져 신용등급이 하락할 수 있다. 하지만 대출 원금을 일부 상환하거나 기간을 단축하는 방법으로 대출을 연기할 수도 있으므로, 꼭 거래 은행과 먼저 상담하자.

넷째, 신용카드를 잘 활용하자. 적정 수준의 신용카드 거래는 신용등급 유지 및 향상에 도움이 된다. 큰 금액이 아니더라도 매월 일정한 날짜에 정상적으로 결제된 내역이 쌓이면 신용등급 상향에 도움이 된다.

다섯째, 주소가 변경되면 꼭 은행에 알리자. 대출이자가 연체되었거나 만기되었는데 고객에게 연락이 닿지 않아 연체 기간이 늘어날 경우, 신용등급에 악영향을 미친다.

여섯째, 제2금융권 대출은 가능한 받지 말자. 대출 광고를 보면 아무런 대책 없이 돈을 쓰라고 부추기는 모습이 영 불편하다. 창구에서 상담을 하다 보면 소액이라는 이유로 또는 편리하다는 이유만으로 제2금융권 대출을 사용하는 경우를 종종 본다. 제1금융권 대출이 불가하여 제2금융권을 이용하는 것은 어쩔 수 없겠지만, 건전한 신용등급 유지를 위해서는 제2금융권 대출을 이용하는 것에 매우 신중해야 한다.

우리가 신용등급에 대해
잘못 알고 있는 것들!

마지막으로 신용등급에 대해 오해하고 있는 것들에 대해 정리해보자.

1) 개인신용등급 조회를 자주 하면 신용등급이 떨어질까? 그렇지 않다. 예전에는 단기간에 여러 번 신용조회가 일어날 경우 신용등급이 하락했으나, 2011년 10월부터는 전혀 평가에 반영하지 않는다.

하지만 은행에서 대출 심사 시, 단기간에 신용조회가 많이 된 것을 좋게 보지는 않는다. 그러므로 무분별한 신용조회는 하지 않는 게 좋다.

2) 연체를 해결하면 신용등급은 바로 올라갈까? 그렇지 않다. 일정 기간이 지나야 등급이 상승한다. 참고로 장기연체기록(100만 원 이상, 3개월 이상 연체)은 상환 후에도 최대 5년까지 개인신용평가에 반영되니, 알아두자.

3) 공과금을 성실히 납부한 실적은 신용관리와 무관할까? 그렇지 않다. 통신비, 공공요금, 국민연금, 건강보험료, 아파트 관리비 등 공과

금을 밀리지 않고 6개월 이상 성실하게 납부한 기록이 있으면 신용평가 시 가점을 받을 수 있다.

4) 대출 기록이 전무하거나 신용카드를 아예 사용하지 않으면 신용등급이 높아질까? 그렇지 않다. 신용거래가 없으면 신용등급을 판단할 자료가 없는 것이다. 대출이 전혀 없거나 체크카드만 사용하는 경우 높은 신용등급을 기대하기 어렵다.

마이너스통장에 대한
진실 혹은 거짓

"저 마이너스통장 돼요? 안돼요?"

한 젊은 고객이 창구에 와서 다급하게 묻는다.

"고객님, 대출한도를 알려면 재직증명서와 소득을 증빙할 수 있는
서류가 있어야 합니다."

"아니, 대출이 아니라요, 저는 마이너스통장을 만든다니까요?"

'마통'이라는 신조어가 생길만큼 마이너스통장은 이미 많은
사람들이 이용하고 있다. 그러나 여전히 많은 사람들이 마이너스
통장의 정확한 의미를 모르고 신청하는 경우가 많다.

마이너스통장이란?

입출금통장에 대출한도를 설정하고, 필요할 때 대출한도 내에서 원하는 금액만큼 자유롭게 꺼내 쓸 수 있는 통장을 의미한다. 기존 입출금통장에 마이너스 기능을 넣을 수 있으므로 별도의 계좌를 만들어야 하는 것은 아니다.

예를 들어, 현재 사용하고 있는 계좌에 잔고 100만 원이 있다고 해보자. 이때 출금이 가능한 잔액 한도는 당연히 100만 원이다. 하지만 이 계좌에 마이너스통장 1천만 원을 설정하면 출금 가능한 한도는 1천 100만 원으로 늘어난다. 이 상태에서 200만 원을 출금하면 통장에 표시되는 금액은 -100만 원이다. 또 한 번 300만 원을 출금하면 통장에는 -400만 원으로 표시가 된다. 반대로 700만 원을 입금할 경우 잔액은 300만 원으로 돌아선다.

마이너스통장은 소득증빙이 가능하거나 별도로 은행에서 정한 담보 제공이 가능한 경우에만 만들 수 있다. 은행 입장에서 생각하면 고객에게 마이너스통장을 내주는 것은 마이너스 한도 금액만큼 대출을 해주는 것과 똑같다. 그러므로 상환능력을 확인할 수 있는 소득금액에 대한 정보가 필요한 것이다.

마이너스통장도
대출 이자를 내야 하나요?

당연하다. 종종 마이너스통장이라고 해서 예금으로 오해하는 경우가 있는데 어디까지나 대출상품이다. 마이너스통장은 사용한 한도금액 만큼, 그리고 마이너스를 사용한 일수 만큼 대출이자를 부담해야 한다.

예를 들어, 일반 건별대출 1천만 원을 받은 경우, 한 달 후에 낼 이자는 '대출원금 1천만 원 × 대출이자율× 1개월/12개월'이다. 즉, 대출 받은 원금 1천만 원 전체에 대한 1개월 치 이자를 부담해야 한다.

그러나 마이너스통장 1천만 원을 받고 그 중 5백만 원을 10일간 사용한 경우에 한달 후 내는 이자는 '5백만 원× 대출이자율× 10일/365일'이다. 즉, 대출받은 한도 1천만 원 전체가 아닌 실제 사용한 금액 5백만 원을 10일 사용한 만큼만 대출이자를 부담한다.

당일 오전에 마이너스통장에서 5백만 원을 출금하고 바로 오후에 5백만 원을 입금한 경우에도 마이너스통장을 하루 사용한 것으로 간주되므로 하루치 이자를 납부해야 한다.

대출이자는 매월 첫째 주 토요일 등 은행에서 미리 정한 날에 지급된다. 주의할 점은 이자 만큼의 잔액을 남겨놓아야 한다는 것이다. 마이너스통장 한도가 1천만 원이고 매월 첫째 주 토요일에 대출이자가 지급되는 것으로 가정해보자. 매월 첫째 주 토요일 하루 전까지 마이너스 한도 1천만 원을 모두 사용하고 있을 경우에는 대출 이자로 지급될 수 있는 여유한도가 없어 연체가 된다. 이렇게 한도 초과로 발생하는 연체를 방지하기 위해 평소 마이너스 한도 전액을 사용하는 것보다 일부분을 남겨놓고 사용하는 게 좋다.

마이너스통장의 편리한 점

왜 이렇게 많은 사람들이 마이너스통장을 만드는 것일까?

첫째, 쓰기가 참 편리하다. 한 번 한도를 설정해 놓으면 자금이 필요할 때 추가 서류 제출 없이 통장에서 바로 출금할 수 있다. 단기자금이 필요할 때 마이너스통장보다 좋은 상품은 단연코 없다. 둘째, 카드사 현금서비스보다 이율이 대체적으로 낮다. 셋째, 통장 잔액이 마이너스가 된 경우에만 대출이자를 내면 되므로 합리적이다. 마지막으로 대출을 상환하고 싶을 때 언제든지 마이너스 계좌에 입금만 하면 되고, 별도의 중도상환 수수료도 없다.

하지만 단점도 동시에 있다. 마치 늪에 빠져버린 것처럼, 한 번 마이너스통장을 쓰기 시작하면 벗어나기가 쉽지 않다. 마이너스 한도 내에서 언제든지 자유롭게 출금이 가능하다보니 대출이 아닌 '내 돈'이라고 착각하면서 대출 상환을 자꾸 뒤로 미루게 된다. 또 일반 건별대출보다 마이너스통장은 대출금리가 더 높다.

마이너스통장 외 다른 대출을 받을 경우 대출한도에 영향을 미칠 수 있다. 예를 들어, A은행에서 마이너스통장 5천만 원을 개설만 하고 쓰고 있지 않은 경우, B은행에서 새로운 대출 신청 시 A은행 마이너스통장을 사용하고 있지 않아도 5천만 원 전액을 대출받고 있는 것으로 인정되어 대출한도가 줄어든다.

다시 한 번 강조하지만 마이너스통장은 절대 예금상품이 아니다. 마이너스 한도금액 만큼 출금이 가능하다고 해서 내 돈으로 착각하면 안 된다. 잔고가 마이너스가 되는 순간 빚 관리를 해야 하는 책임이 뒤따른다는 점을 기억하면서 무분별한 마이너스통장 사용은 자제하고, 급한 경우에만 단기간 사용하는 습관을 길러야 한다.

'Money never sleeps!' 내가 자고 있는 동안에도 마이너스통장 대출이자는 절대 잠들지 않는다.

대출, 갈아타게 해주세요.
제발!

대출을 신청할 때는 대출한도, 금리조건, 상환방법 등 세부조건에 대해 꼼꼼히 살피고 본인에게 맞는 것을 선택해야 한다. 매월 적지 않은 돈을 이자로 내고 원금 상환에 대한 준비도 해야 하니 당연하다.

은행원 앞에서 어색하게 서류를 작성하고, 용어도 조금씩 익혀가며 결국 대출을 받았는데, 더 좋은 조건을 제시하는 다른 은행을 발견했을 때, 혹은 갑자기 목돈이 생겨서 대출이 더 이상 필요하지 않을 때가 있다. 이렇게 이미 받은 대출을 취소하고 싶을 때 이용할 수 있는 제도가 '대출계약철회권'이다.

정말 대출을 바로 취소할 수 있나요?

대출계약철회권은 2016년 10월부터 시중 은행에서 적용하고 있고, 같은 해 12월부터 제2금융권까지 확대되었다. 이 제도는 대출을 이미 받은 상태에서도 대출이 정말로 필요한지, 금리가 적정한지에 대해 다시 생각해볼 수 있는 기회를 주기 위해 만들어졌다. 소비자는 대출 실행일부터 14일 이내에 대출계약을 철회할 수 있다.

대출계약철회권을 행사하기 위해서는 몇 가지 조건이 있다.

무분별한 대출 신청과 취소를 방지하기 위해, 동일 은행에서 최근 1년 이내에 2회 초과하여 대출계약을 철회할 경우나 전 금융회사를 대상으로 최근 1개월 이내 1회를 초과하여 대출계약을 철회할 경우에는 대출계약철회권 행사에 제한을 받는다.

또한, 철회를 요청하는 대출이 4천만 원 초과 신용대출, 2억 원 초과 담보대출, 현금서비스, 리스, 사업자 대출(개인사업자, 법인)에 포함될 경우 대상에서 제외된다. 그리고 대출철회 시 은행이 이미 부담한 대출 관련 비용*은 고객이 부담해야 철회가 가능하다.

금융소비자를 위한다는 제도 치고는 너무 복잡하고 제한이 많

---

* 은행이 최초 대출 실행 시 부담하는 비용에는 인지세, 감정평가수수료, 근저당권설정비, 지상권설정비, 임대차조사수수료 등이 있다.

다는 생각이 드는 게 사실이다. 하지만 복잡한 만큼 확실한 장점도 있다.

먼저, 대출계약철회권을 통해 대출 취소 시에는 중도상환해약금이 발생하지 않는다.(일반적으로 대출취급 후 만기 전에 중도상환을 할 경우에는 약 0.5~1.5%의 비용이 발생한다.) 그리고 대출철회가 되면 대출기록 자체가 삭제되므로 대출정보와 신용조회 기록도 남지 않고, 신용등급에도 어떠한 영향을 미치지 않는다.

대출금리, 깎는 방법이 있다?

대출이자를 한 푼이라도 덜 내고 싶은 마음은 누구나 같을 것이다. 이런 소비자들의 마음을 달래주는 제도가 하나 있다. 바로, '금리인하요구제도'이다. 은행여신거래기본약관에는 이 제도를 다음과 같이 설명한다.

채무자는 약정 당시와 비교하여 신용 상태의 현저한 변동이 있다고 인정되는 경우 합리적인 근거를 서면으로 제시하고 금리 변경을 요구할 수 있습니다. 이 경우 은행은 적정성 여부를 성실히 심사하고 이에 따른 필요한 조치를 취할 경우 그 결과를 곧 통지하기로

합니다.(은행여신거래기본약관 제3조 제9항)

약관에는 '대출을 신청할 때와 비교해서 신용 상태가 양호해 진 경우' 은행에 금리인하를 요구할 수 있다고 되어 있다. 여기에서 말하는 '신용 상태가 양호해진 경우'는 무엇일까?

안정적인 직장으로 이직해 직업 안정성이 향상했을 때, 승진 이나 임금 상승 등으로 대출 당시보다 연간 소득이 현저히 상승 했을 때, 전문자격증을 취득해 관련 직종에 종사하게 되었을 때, 거래실적 변동, 신용등급 개선, 자산 증가 또는 부채가 감소했을 때, 재무상태 등이 개선되었을 때를 말한다. 이러한 사유가 발생 했을 때, 거래하는 은행에 방문하거나 홈페이지, 모바일 어플리케 이션 등으로 금리인하 신청을 할 수 있다.

은행은 접수 후 별도의 심사를 거쳐 금리인하 여부를 결정한 다. 금리인하 요구 후 10일(토, 일, 공휴일 제외) 이내에 은행은 수용 여 부를 전화, 서면, 문자메시지, 전자우편, 팩스 등으로 고객에게 통 보해야 한다. 다만 모든 대출이 금리인하 요구 대상이 되는 것은 아니고, 개인의 신용도에 따라 금리가 차별적으로 적용되는 대출 만 대상이 된다. 또 이미 최저금리를 적용받고 있거나, 대출상품 별 금리인하 조건이 별도로 있는 경우는 대상이 아니다.

다른 금융상품도 계약철회를 할 수 있나요?

대출뿐 아니라 충동적으로 쓴 카드, 잘못 계약한 보험 등도 계약철회를 할 수 있다.

보험상품은 청약한 날부터 30일 이내, 보험증권 수령일부터 15일 이내에는 별도 페널티 없이 보험계약철회가 가능하다.

신용카드는 할부로 결제했을 경우, 할부 거래 금액 20만 원 이상, 할부 기간 3개월 이상인 신용카드 거래는 소비자가 할부 계약서를 교부 받은 날(또는 상품 또는 서비스를 제공받은 날)로부터 7일 이내에 계약 취소를 요청할 수 있다.

주택담보대출 용어
쉽게 정리하기

주택담보대출에 관한 뉴스에는 LTV, DTI, DSR 등의 용어가 빠지지 않고 등장한다. 이 세 지표는 주택담보대출에 대한 공통된 심사 기준 역할을 하기에 알아두면 좋다.

LTV(주택담보대출비율)

LTV(주택담보대출비율)는 Loan to Value의 약자이다. Loan은 대출금액, Value는 집값이라는 의미이므로, LTV는 '집을 은행에 담

보로 제공하고 그에 대한 대가로 대출을 받을 수 있는 최대한도'
를 말한다.

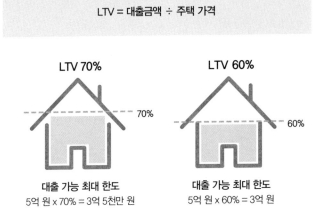

예를 들어 주택 가격이 5억 원인 경우 LTV 70%를 적용하면
은행에서 대출을 받을 수 있는 최대한도는 '(5억 원 × 70% =
3.5억 원)'이 된다. 말 그대로 최대한도이므로 담보로 제공한 주
택에 이미 임차인이 살고 있는 경우나 주택의 방 개수에 따라 최
대한도는 변동될 수 있다.

① 임차인이 있는 경우에는, 최대한도에서 전세금액만큼 차감한
금액이 대출 가능한도가 된다. 임차인이 2억 원에 전세로 들어와

있다면, '(주택 가격 5억 원 × LTV 70%) - 전세금 2억 원 = 1.5억 원'까지 대출받을 수 있다.

은행에서는 전세가 있는 주택을 대출 심사할 때 현재 거주하는 임차인에게 전세금이 맞는지 확인을 받고, 주민센터에서 전입세대를 열람하여 임차인이 일치하는지 여부를 확인하는 등 서류와 실제 임차 정보를 대조한다.

② 임차인이 없는 경우 최대한도는 '(주택 가격 5억 원 × LTV 70%) - (방 개수 × 소액보증금*)'으로 계산한다. 즉, 임차인이 없어도 은행은 최우선변제를 받을 수 있는 소액보증금을 대출한도에서 차감하는 것이다. 이 소액보증금은 서울 3천 700만 원, 수도권 3천 400만 원* 등 주택이 위치한 지역마다 다르다.

매매 가격이 5억 원인 집을 담보로 제공하는데 그보다 적은 금액만 대출받을 수 있는 것이 의아할 수 있다. 하지만 대출을 하는 은행 입장에서는 집값이 하락할 경우에 대비해야 하고, 연체될 경우 연체 이자나 경매 비용과 같은 제반 비용 등을 모두 고려해야 하기에 집값의 100%를 담보대출로 취급하지 않는 것이다.

* 소액보증금이란, 주택이 경매에 부쳐질 경우 임차인이 다른 채무자들보다 우선하여 최우선적으로 변제 받을 수 있는 금액을 말한다. 단, 전입신고를 마치는 등 임차인이 대항 요건을 갖추고 있어야 한다.

DTI(총부채상환비율)

DTI(총부채상환비율)는 Debt to Income의 약자이다. 여기서 Debt은 대출을 신청하는 소비자의 연간 갚아야 하는 이자와 원금의 합을, Income은 연간 총소득을 의미한다. 즉, DTI는 '본인의 연간소득에 따라 받을 수 있는 대출한도액'이다.

DTI는 금융감독원(consumer.fss.or.kr) 홈페이지의 '금융계산기' 코너에서 쉽게 계산할 수 있다.

> DTI = (모든 주택담보대출에 대한 연간 이자 및 원금상환액 +
> 기존 기타부채 이자) ÷ 연간 총소득

LTV는 집값에 따라 받을 수 있는 최대한도를 나타내는 반면, DTI는 본인의 연간소득에 따라 받을 수 있는 대출한도액을 의미한다. DTI가 낮을수록 개인의 상환 능력은 높은 것으로 판단되므로, 소득이 적은 사람보다 많은 사람이, 기존 대출이 많은 사람보다 적거나 없는 사람이 주택담보대출을 더 많이 받을 수 있다.

연간소득을 증명하기 위해 근로소득자이면 근로소득원천징수영수증을, 사업소득자는 세무서(홈택스)에서 발행한 소득금액증명원을 제출하면 된다. 근로소득이나 사업소득 증빙이 어려운 경우에는 연금소득, 임대소득, 국민연금, 건강보험료, 신용카드 사용액 등 추가로 인정되는 서류로 소득을 증명할 수 있다.

가장 깐깐한 대출한도 규제 DSR

DSR(총부채원리금상환비율)은 Debt Service Ratio 약자로, '연간 총소득에서 전체 대출의 연간 원리금 상환액이 차지하는 비율'을 말한다.

DSR = 모든 대출에 대한 연간 이자 및 원금상환액 ÷ 연간 총소득

주택담보대출 심사를 할 때 개인의 모든 대출(주택담보대출, 자동차대출, 신용대출, 학자금대출, 마이너스통장 등)에 대한 이자와 원금 상환액을 모두 고려한다는 점에서 기존의 DTI보다 한 단계 업그레이드되고 깐깐해진 지표다.

DTI와 DSR 공통적으로 기존에 받고 있는 대출금액을 고려하므로, 주택담보대출한도를 높게 받기 위해서는 기존 대출을 미리

상환하거나, 사용하지 않는 마이너스 통장은 한도 해제를 한 후 주택담보대출을 신청하는 게 좋다.

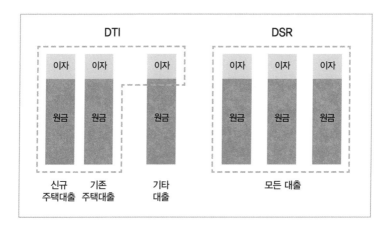

LTV, DTI, DRS 등 어려운 용어 때문에 지레 겁먹을 필요는 없다. 은행에 가면 친절한 상담을 받을 수 있으니 말이다. 다만 이 2가지는 꼭 기억하자.

첫째, 집값의 전액이 아니라 일정 부분만 대출이 가능하다는 점. 둘째, 집을 담보로 대출을 받을 때 본인의 소득과 기존에 이미 받고 있는 대출금액에 따라 대출 가능한 한도가 달라진다는 점.

그래야 주택구입에 필요한 자금 계획을 세우는 데 오류를 줄일 수 있다.

전세대출 최강자 버팀목전세자금 대출

주택을 살 때만 대출을 받을 수 있는 것은 아니다. 전세를 얻기 위해서도 목돈이 필요하기에, 금융기관에서는 다양한 전세대출상품을 마련해 놓았다.

전세대출 신청하기 전에 챙겨야 할 것들

전세대출이 필요하다고 무턱대고 은행에 갔다가는 허탕칠 수도 있다. 다음 질문에 차례로 답하면서 필요한 서류를 준비하자.

첫째, "나는 세대주인가, 세대원인가?" 전세대출 대상자를 세대주로 한정하는 상품이 있다. 이때 세대주는 본인과 배우자, 또는 직계존속, 또는 직계비속으로 이루어진 세대의 세대주를 말한다. 세대주의 세대원인 배우자나 결혼으로 세대주가 될 예정인 사람은 예외적으로 세대주로 인정될 수도 있다. 세대주 여부는 주민센터에서 발급하는 주민등록표(주민등록등본)에서 확인할 수 있다.

둘째, "임대인(집주인)의 동의를 미리 받았는가?" 은행에서 대출 승인이 되어도 임대인이 동의하지 않는 경우 대출 진행이 불가할 수 있다. 전세대출을 받을 계획이라면 전세계약 시 '임대인은 전세대출 진행에 협조한다.' 등의 특약 문구를 계약서에 미리 넣는 게 현명하다.

셋째, "확정일자부 전세계약서는 준비했는가?" 확정일자를 받으면 임대인과 전세계약을 했다는 것을 공식적으로 인증하는 것으로 볼 수 있다. 확정일자는 전세계약서와 신분증을 지참하고 주민센터에 방문하면 바로 받을 수 있고, 이사하기 전에 미리 받을 수도 있다.

넷째, "내 소득과 배우자의 소득은 얼마인가?" 소득이 지나치게 많은 경우 전세대출이 아예 불가하거나 대출가능한도액이 달라질 수 있으므로 미리 본인의 소득을 확인해야 한다. 근로자의 경우 최근년도 근로소득원천징수영수증 또는 소득금액증명원, 급여내역서 등으로 연소득을 산정한다.

다섯째, "결혼 예정자인 경우, 추가 서류가 준비됐는가?" 청첩장이나 예식장 계약서를 제출하여 결혼 예정임을 증명할 수 있다.

여섯째, "등기부등본을 확인했는가? 임대인 통장사본이 준비되었는가?" 계약 전에 등기부등본에서 임대인 이름, 주소, 주민등록번호 앞 번호, 선순위 금액 등을 확인해야 한다. 전세대출 실행 시 대출금은 본인 통장에 입금되는 것이 아니라 임대인 계좌로 입금되므로 임대인 통장 사본을 미리 받아놓는 것이 좋다.

일곱째, "대출 신청 시기는 적정한가?" 대출을 받을 수 있는 기간을 전세 계약서상 입주일과 주민등록등본상 전입일 중 빠른 날짜로부터 3개월 이내로 제한하는 경우가 많으므로 미리 대출 실행 시기를 조정해야 한다. 참고로 이사하고 난 뒤에도 전세대출을 받을 수 있는 전세대출 상품을 취급하는 은행도 있으니 각 은행의 전세대출상품을 꼼꼼히 살펴보자.

7가지 모두 준비되었다면 나에게 적합한 상품을 선택해야 한다. 상품을 선택하는 기준은 크게 두 가지로 정리할 수 있다.

1. 대출한도 면에서는 은행전세대출상품이 유리
2. 대출금리 면에서는 버팀목전세자금 대출이 유리

'버팀목전세자금 대출'이란?

버팀목전세자금 대출은 근로자와 서민의 주거 안정을 위해 국가에서 조성된 기금을 이용하는 대출이다. 그래서 시중 은행에서 판매되고 있는 전세자금대출상품보다 낮은 금리 혜택을 받을 수 있지만 다른 전세대출상품보다 조건이 까다롭다.

1) 전세대출 대상 주택 및 임차보증금 제한: 전세 계약을 하는 주택의 크기가 전용면적 85㎡ 이하만 가능하다. 수도권, 도시 지역이 아닌 읍 또는 면 지역은 100㎡ 이하 주택까지 가능하지만 주거용 오피스텔은 지역에 상관없이 85㎡ 이하만 가능하다. 또한 수도권은 임차보증금 3억 원 이하, 수도권 외 지역은 2억 원 이하로 대출 대상이 제한된다.(2자녀 이상 가구인 경우, 수도권 4억 원 이하, 수도권 외 3억 원 이하까지 가능하다.)

2) 독립적인 생활공간을 이루고 있는지 확인: 주방이나 욕실이 별도로 있어 독립적인 생활이 가능한 주택이 대출 대상이다. 공동주택, 다가구주택, 다중주택 중 단순히 일부 방만 임차하는 경우에는 대출 대상에 포함되지 않는다. 은행에서 전세대출 심사 시 현장 조사를 통해 독립적인 공간을 이루는지 여부를 확인한다.

3) **대출신청 시기:** 전세금 잔금 지급일과 주민등록상의 전입일 중 빠른 날짜로부터 3개월 이내에 신청해야만 대출을 받을 수 있다. 대출 신청 시 5% 이상 계약금을 납부한 확인증을 제출해야 하며, 은행은 잔금일에 맞춰 임대인(집주인) 계좌로 대출금액을 입금한다.

4) **세대주 여부 확인:** 세대원이 있는 만 19세 이상 세대주인 경우 대출 대상이 된다. 단, 만 25세 미만 미혼 세대주인 경우에는 부모를 부양하고 있는 기간(주민등록등본상 합가일 기준)이 연속하여 6개월 이상인 경우에만 가능하다. 배우자가 세대주인 경우, 미성년인 형제 · 자매로 구성된 세대, 만 25세 이상인 단독세대주 등, 예외적으로 세대주로 인정되는 경우가 있으니 은행에서 자격 요건에 대해 상담을 받자.

5) **무주택 여부:** 본인뿐 아니라 세대원 전원이 무주택자여야 한다. 배우자가 별도의 세대를 구성하고 있는 경우에도 무주택 조건을 충족해야 한다. 버팀목전세자금 대출은 서민을 위한 대출이다 보니 주택을 소유하고 있는 경우에는 대출을 받을 수 없다. 이러한 맥락에서 대출을 받은 후에 본인 또는 세대원이 주택을 보유하게 될 경우에는 버팀목전세자금 대출을 전액 상환해야만 한

다. 다만, 주택을 소유하고 있는 경우에도 일정 조건에서는 무주택으로 볼 수 있는 경우가 있으니 미리 확인해보자.(주택공급에 관한 규칙 제53조 참조. 국가법령정보센터 www.law.go.kr)

6) **대출신청인의 소득금액 확인:** 대출신청인과 배우자의 최근 연도 합산 소득이 5천만 원 이하여야 대출을 받을 수 있다. 신혼가구 (혼인관계증명서 상 혼인기간이 5년 이내인 가구 또는 결혼예정자), 혁신도시 이전 공공기관종사자 또는 타 지역으로 이주하는 재개발 구역 내 세입자, 다자녀가구, 2자녀인 경우, 합산 소득 6천만 원까지 가능하다.

7) **대출금리:** 주택도시기금 포털 홈페이지(nhuf.molit.go.kr)에서 확인할 수 있다. 금리는 연소득과 임차보증금에 따라 차등 적용되는데, 주의할 점은 고시된 금리가 대출기간 중 달라질 수 있는 변동금리라는 점이다. 따라서 대출기간 중 금리가 인상 또는 하락할 수 있다. 이외에도 각종 우대금리 적용, 추가 우대금리 적용 혜택을 받을 수 있으니 상담을 통해 꼼꼼히 챙겨야 한다.

8) **대출한도 확인:** 계약서상 임차보증금의 70% 이내이며, 신청인의 소득, 부채, 신용등급에 따라 대출한도는 달라진다. 신혼가구, 2자녀가구, 다자녀가구, 만19세 이상~만25세 미만의 단독세

대주의 경우 보증금의 80%까지 가능하다. 전세대출한도를 표로 정리해보자.(2020년 1월 기준)

구 분	일반가구	신혼가구	다자녀가구 2자녀가구	만19세 이상 만25세 미만 단독세대주
수도권	1억 2천만 원	2억 원	2억 원	3천 5백만 원
수도권 외	8천만 원	1억 6천만 원	1억 6천만 원	

(예) 수도권 소재 아파트는 보증금 2억 원에 계약 시 최대 대출한도는?

① 일반적인 경우 2억 원 × 70% = 1억 4천만 원이지만
   대출한도 1억 2천만 원을 초과하므로, 최종대출한도는 1억 2천만 원
② 신혼부부인 경우 2억 원 × 80% = 1억 6천만 원

9) 대출 가능 은행 확인: 버팀목전세자금 대출은 우리은행, KB국민은행, IBK기업은행, NH농협, 신한은행에서만 취급한다. 이 상품은 다른 전세자금대출보다 상품 조건이 까다롭기 때문에 시간 여유를 가지고 미리 거래 은행에서 상담받아야 한다.

중소기업 취업 청년 전월세보증금대출

'꿈의 전세대출'이라 불리는 상품이 있다. 다음 조건에 해당한

다면 다른 전세대출상품을 알아볼 필요도 없이 무조건 '중소기업 취업청년 전월세보증금대출'을 받기를 권한다.

1) 대출대상: 중소기업 취업자 또는 중소기업진흥공단, 신용보증기금, 기술보증기금에서 청년 창업자금을 지원받은 사람, 만34세 이하 무주택 세대주(세대주 예정자 포함, 병역의무를 이행한 경우 만39세까지 허용), 연소득 3,500만 원 이하(외벌이, 단독세대주), 연소득 5,000만 원 이하(맞벌이)

2) 대출대상 주택: 임차보증금 2억 원 이하, 전용면적 $85\,m^2$ 이하(주거용오피스텔 포함)

3) 대출금리: 1.2%

4) 대출한도: 1억 원

5) 취급 은행: 우리은행, KB국민은행, IBK기업은행, NH농협, 신한은행

1억 원을 대출받았을 때 매월 부담하는 이자는 1억 원 × 1.2% × 1/12 = 10만 원으로 웬만한 월세보다 훨씬 저렴하다. 괜히 꿈의 전세대출이 아니다. 위 대상자에 포함된다면 무조건 '중소기업 취업청년 전월세보증금대출'을 이용하길 바란다.

●●●

못 받을 뻔한 전세금,
대신 받아드립니다

혜진 씨는 이미 두 달 전에 전세계약 연장을 하지 않겠다고 집주인
에게 말을 해 놓았다. 하지만 계약 종료일을 앞두고 집주인은 당장
돈이 없으니 다음 세입자를 구할 때까지 기다려 달란다. 혜진 씨는
억울한 생각이 든다. 집주인이 돈이 있든 없든, 다른 세입자가 들어
오든 말든 그건 그의 사정 아니던가. 세입자는 계약 종료일 1개월
전에 집주인에게 계약 갱신 거절 의사를 통보하면 법적으로 아무
문제가 없다고 하는데, 현실은 내 전세금을 받을 때까지 무작정 기
다려야 하는 상황이다. 이사갈 집의 잔금도 치러야 하는데, 전세금
을 못 받으면 어쩌나 하는 생각에 잠도 오지 않는다.

전세계약을 해본 사람이라면 혜진 씨의 사정에 공감할 것이다. 부동산시장도 경기흐름에 따라 상승과 하락을 반복하다 보니 이런 문제가 발생한다. 특히 입주 물량이 증가하고 일부 주택에 대한 가격조정이 일어날 때면 '깡통주택'과 '역전세난'이라는 말을 심심찮게 들을 수 있다.

'깡통전세'란, 집주인이 많은 대출을 받고 주택을 매입한 뒤 전세 세입자를 들여 대출금 일부를 상환하려 했지만, 주택 가격이 크게 하락하여 집을 팔아도 전세금을 돌려주지 못하는 경우를 말한다. 또는 전세 가격 하락으로 새로운 세입자를 구하지 못해 기존 세입자에게 제때 전세금을 돌려주지 못하는 경우도 있다.

'역전세난'은 주택 공급이 넘치면서 전세 공급이 수요를 초과하고, 집주인이 세입자를 구하기 힘든 상황을 말한다.

소중한 내 전세금,
안전하게 보호받을 수 있는 방법은 없을까?

전세보증금반환보증은 전세계약 종료 시 집주인이 전세입자에게 반환해야 하는 전세보증금을 보증기관에서 책임지는 제도다. 보증기관에 일정 보증료를 지급하면 가입할 수 있다.

전세보증금반환보증은 '주택도시보증공사(HUG)'와 'SGI서울보증' 두 곳에서 취급하고 있으니 각 상품의 특징을 살펴본 뒤 본인에게 맞는 상품을 골라 가입하자.

다음 표는 두 기관에서 취급하는 상품을 간단히 정리한 것이다. 더 자세한 내용은 주택도시보증공사 홈페이지(www.khug.or.kr)와 SGI서울보증 홈페이지(www.sgic.co.kr)를 참고하면 된다.

구 분	HUG	SGI
상품명	전세보증금반환보증	전세금보장신용보험
보증대상	단독 · 다가구, 연립 · 다세대, 주거용 오피스텔, 아파트 (다중주택 불가)	단독 · 다가구, 연립 · 다세대, 주거용 오피스텔, 아파트, 도시형생활주택
보증금액	보증인이 신청한 금액	임차보증금(전액)
보증신청기한	전세계약기간 1/2 경과 전 ※ 단, 보증금 5억 원(기타지역 3억 원) 이하이고 부부합산 소득이 1억 원 이하일 경우 전세계약 종료일 6개월 전 신청 가능	− 전세계약이 2년일 때: 전세계약 후 10개월 경과 전 − 전세계약이 1년일 때: 전세계약 후 5개월 경과 전
보증료	아파트 보증신청금액 × 0.128% 그 외 보증신청금액 × 0.154%	아파트 전세보증금 × 0.192% 그 외 전세보증금 × 0.218%

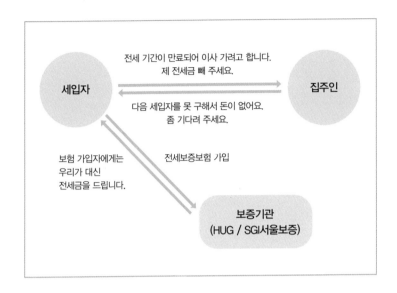

전세 기간이 만료되어 이사 가려고 합니다.
제 전세금 빼 주세요.

세입자

다음 세입자를 못 구해서 돈이 없어요.
좀 기다려 주세요.

집주인

보험 가입자에게는
우리가 대신
전세금을 드립니다.

전세보증보험 가입

보증기관
(HUG / SGI서울보증)

세입자에게는
전세금을 받을 권리가 있다

세입자는 전세계약이 만료되면 집주인에게 맡겨놓은 전세금을 돌려받을 권리가 있다. 이러한 전세금을 받을 수 있는 권리를 보증회사에 양도하는 것을 '임차보증금반환채권 양도약정'이라고 한다. 집주인이 세입자에게 전세금을 반환하지 않을 경우, 보증회사는 전세금을 세입자에게 지급하고, 세입자의 지위를 승계하여 집주인에게 전세금을 받는다.

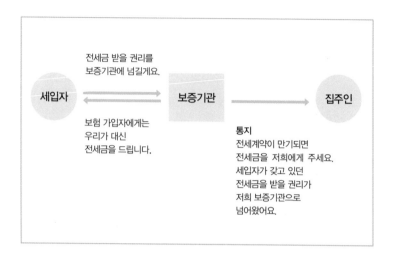

전세금 받을 권리를
보증기관에 넘길게요.

세입자

보증기관

집주인

보험 가입자에게는
우리가 대신
전세금을 드립니다.

통지
전세계약이 만기되면
전세금을 저희에게 주세요.
세입자가 갖고 있던
전세금을 받을 권리가
저희 보증기관으로
넘어왔어요.

　　두 상품 모두 임차인이 부담하는 보험료는 임차보증금 3억 원
이내인 경우 특별세액공제 대상에 해당한다. HUG는 전체 전세
금 중 필요한 일부금액에 대해서만 보험 가입을 할 수 있어서 보
증보험료를 절약할 수 있으며, 보증료율도 SGI에 비해 다소 낮게
형성되어 있다. 단, 보증범위는 서로 다르다. HUG는 전세금 최
고한도가 7억 원으로 제한되어 있지만, SGI는 아파트 전세금의
제한이 없다.

　　전세보증금반환보증은 서민들의 소중한 전세금을 보호하는
꼭 필요한 상품이다. 은행에 상담하러 오는 분들이 보증료를 부
담하면서까지 전세보험에 가입하는 게 좋은지 문의하면 나는 여

전히 가입을 권유한다. 하지만 "내가 맡긴 전세금을 내가 받겠다는데 다시 내 돈을 들여 보증료를 내야 하는 것은 모순이 아니냐?"는 물음에는 명쾌히 답하기가 어렵다. 세입자에게 불리하게 설정된 전세 제도가 하루빨리 개선되었으면 한다.

 BANKer TIP

대리인을 통한 부동산 계약 시 주의사항!

부동산 임대나 매매 계약을 할 때 소유주 본인이 아닌 대리인과 계약을 맺는 경우가 있다. 권한을 위임받은 가족이나 공인중개사 등이 위임장을 가지고 계약을 대신 하는 경우인데, 이때는 대리인에 대한 철저한 확인이 필요하다.

1. 소유자가 발급한 인감증명서와 위임장을 통해 위임의 적절 여부를 확인한다.
2. 위임장에 찍힌 인감도장과 인감증명서 상의 도장이 일치하는지, 인감증명서가 최근에 발급된 것인지 발급일을 확인한다.
3. 위임장에 있는 위임자와 소유자가 일치하는지 꼭 확인한다.
4. 소유자의 배우자나 자식이라고 해서 무조건 믿고 계약하지 않는다.(위 사항을 모두 철저히 확인)

대출 사기,
나도 당할 수 있다

"안녕하세요, 나은권 고객님. △△은행 이○○과장입니다. 고객님 께 낮은 금리 대출상품을 안내해 드리려고 합니다."

보통의 상황이라면 스팸전화려니, 하고 바로 끊을 것이다. 하 지만 최근에 제1금융권에서 대출이 거절된 경험이 있거나, 연체 등의 사유로 고금리 대출을 사용 중이거나, 긴급하게 돈이 필요 한 경우라면 아무래도 귀를 기울일 수밖에 없다. 더구나 상대방 은 자신을 시중 은행 직원이라 소개하고, 이름과 직급을 밝혔으 며 내 이름까지 알고 있지 않은가.

약간의 관심을 표한다 싶으면 바로 멘트가 이어진다.

"현재 사용 중인 대출을 저희 은행으로 대환하시면, 금리를 9%까지 맞춰드릴 수 있습니다. 다만, 고객님의 신용등급이 8등급이라서 신용등급 상향 후 대출이 가능합니다. ○○만 원을 말씀드리는 계좌로 입금하시면 즉시 신용등급이 상향됩니다."

정신을 차렸을 때는 이미 돈을 송금하고 난 후다. 이 글을 읽는 독자 중 몇몇은 이런 사기는 노인 등 금융 약자들에게 드물게 일어나는 일이라고 생각할 수도 있겠다. 하지만 금융감독원 자료에 따르면 대출 사기 피해 건수는 매년 증가하고 있으며, 주 피해자는 '40대 남성'인 것으로 조사됐다.

은행은 절대
돈을 요구하지 않는다

정상적인 금융기관에서 대출을 진행할 때 절대로 '수수료', '선이자', '업무비용', '작업비' 등의 명목으로 고객에게 자금 이체를 요청하지 않는다. 아무리 급하게 돈이 필요하더라도, 금융기관이라며 수수료를 요구하며 접근할 때는 100% 사기이므로 앞뒤 가리지 말고 바로 전화를 끊자.

대출한도만 조회해 보라며 문자메시지로 주소 링크를 보내는 경우도 있다. '한 번 조회하는 건 괜찮겠지.'라는 생각에 메시지를 클릭하는 순간, 악성 스미싱앱이 설치된다. 대출과 관련된 출처가 불분명한 메시지는 바로 삭제해야 한다.

또 대출 심사에 필요하다며 은행에서 발급받은 보안카드나 휴대폰으로 전송받은 인증번호, 신용카드번호 등 개인정보를 요구하는 경우가 있다. 이러한 정보는 정상적인 대출 심사와는 아무런 관련이 없는 것들이므로 답하지 말자.

마지막으로 신용등급을 올려주겠다는 말에 현혹되어서는 안 된다. 신용등급은 본인의 금융거래 실적이 쌓여서 결정되는 것으로, 어떠한 경우에도 금융기관에서 임의로 상향 등록할 수 없다.

대출 사기 당했다면
이렇게 대처하자

대출 사기는 나에게도 일어날 수 있는 일이라는 경각심을 갖고 사기 발생 시 피해 구제 절차에 대해 알아보자.

1단계. 경찰청(112)이나 금감원(1332), 금융회사 콜센터로 '지급정지' 요청을 한다. 잘못 보낸 내 돈을 찾는 것이 제일 중요하므로 사기라고 인지되는 순간 바로 신고해야 한다. 금융회사는 '전기통신금융사기 피해 방지 및 피해금 환급에 관한 특별법 제4조'에 의거, 거래내역 등의 확인을 통하여 전기통신금융사기의 사기이용계좌로 의심할 만한 사정이 있다고 인정되면 해당 사기이용계좌 전부에 대하여 지급 정지 조치를 취한다.

2단계. 경찰서를 방문하여 '금융기관 제출용 사건사고사실확인서'를 발급받는다.

3단계. 금융기관에 방문하여 '대출 사기 피해 구제 환급 신청'을 한다. 신분증과 사건사고사실확인원을 가지고 금융기관에 방문하여 피해 구제 환급 신청을 하면, 금융기관의 내부 심사 절차를 거쳐 피해액을 돌려받을 수 있다. 이때 피해환급금 결정통지서는 신청인의 주소로 등기 발송된다. 환급 진행 상황은 금융감독원 고객센터(1332)를 통해서 확인할 수 있다.

잠시 방심한 사이 누구나 대출 사기의 피해자가 될 수도 있다. 대출 사기 피해를 입은 경우, 신속한 신고만이 내 돈을 찾을 수 있는 유일한 방법임을 잊지 말자.

5장

은행에서 내 재산 불리기

은행원이 알려주는 환전 잘하는 법

여행에 대한 기대와 설렘이 최고에 이르는 때는 모든 준비를 마치고 환전한 돈을 손에 받아드는 순간이 아닐까. 하지만 가족이나 지인이 나보다 더 좋은 조건으로 환전을 한 것을 알면 왠지 억울하다. 환전 잘하는 사람에게는 어떤 노하우가 있을까?

환율우대의 개념

우선 환율에 대한 기본적인 개념을 알아보자. 한국 돈을 외국

돈으로 또는 외국 돈을 한국 돈으로 바꾸는 것을 '환전'이라 하고, 이때 적용되는 교환비율이 '환율'이다. 은행에서는 고객들에게 외국돈을 사거나 팔 때 적용되는 기준을 정하는데, 이를 '매매기준율'이라고 한다. 이 매매기준율에 수수료 등의 명목으로 일정 부분을 더하거나 빼서 최종적으로 고객에게 적용되는 '매도율'과 '매입율'이 결정된다.

'매매기준율'이란, 외국 돈을 바꾸거나 해외로 돈을 보낼 때 기준이 되는 환율이다. 실시간으로 계속 변하며, 은행마다 조금씩 다르다. 쉽게 '마진을 붙이기 전 원가'라고 생각하면 된다.

'매도율'은 은행이 고객에게 외화를 팔 때 실제 적용되는 환율(고객 입장에서는 매입율)이고, '매입율'은 은행이 고객에게 외화를 살 때 실제 적용되는 환율(고객 입장에서는 매도율)이다.

그러면 환율을 우대해 준다는 것은 어떤 의미일까? '1달러=1천 원'이라 가정해보자. 환율우대 50%를 적용하면 500원으로 1달러를 살 수 있고, 환율우대 70%면 300원으로 1달러를 살 수 있는 것일까? 그렇지 않다.

환율우대 70%를 적용한다는 의미는, 외국돈을 살 때 '(매도율 – 매매기준율)의 70%만큼 싸게' 해주는 것이고, 외국돈을 한국 돈으로 바꿀 때는 '(매매기준율 – 매입율)의 70%만큼 더 비싸게' 쳐준다는 것이다.

환율우대의 의미를 파악했으니, 본격적으로 환전 잘하는 법을
알아보자.

환전 Level 1. 공항 내 은행 이용

출국하기 전 번거롭게 은행을 방문할 필요 없이 공항에서 곧장 환
전하는 방법이다. 참고로 공항 내에 있는 은행은 휴일에도 환전이
가능하며 이른 아침이나 늦은 저녁에도 열려 있다. 시간이 없거나
환율우대를 챙기는 게 귀찮다고 생각하는 사람들은 공항에서 환전
을 해도 되지만, 환전 금액이 크거나 남들보다 조금이라도 싸게 환
전하고 싶은 사람에게는 결코 좋은 방법이 아니다.

공항 지점은 일반 지점보다 높은 임차료 및 야간 및 휴일 업무에
따른 인건비를 추가 부담해야 하고, 주요통화(USD, JPY, EUR) 외 세
계 각국의 화폐보유를 보유하기 위한 보관비용이 발생하기 때문에
환율우대 폭이 매우 좁다.

환전 Level 2. 주거래은행 이용

대부분 은행에서는 거래실적에 따라 우대환율을 자동 적용하고 있
다. 귀찮다고 가까운 아무 은행에 가지 말고, 잠시 시간을 내어 평
소에 거래하는 은행을 찾길 권한다.

환전 Level 3. 환율우대 쿠폰 발급

은행 홈페이지에 들어가 환율우대 쿠폰을 다운로드하고, 환전할 때 창구에서 보여주는 방법이다. 은행과 제휴된 여행사나 카드사를 통해서도 받을 수도 있다. 하지만 우대쿠폰을 일일이 찾아야 하는 번거로움이 있다.

환전 Level 4. 스마트폰 APP 이용하기

가장 많은 사람들이 선호하는 방법이다. 주거래 은행의 환전 어플리케이션을 설치한 뒤, 앱을 통해 환전 결제를 하고, 외화를 수령할 날짜와 수령을 원하는 지점을 선택한다. 그리고 수령일에 맞춰 신분증을 가지고 은행에 방문하면 된다.

인터넷뱅킹이나 모바일뱅킹 이용자를 확보하기 위해 최대 90%까지 환율우대를 해주는 은행도 있으니 이 방법을 꼭 이용해보길 권한다. 일일 환전 한도를 1백만 원으로 제한하는 경우가 있으므로 큰 금액을 한꺼번에 환전하기에는 적절하지 않을 수 있다. 하지만 소액을 환전 할 때는 가장 편리하고 우대율이 높은 방법이다.

환전 Level 5. 여행자수표로 나눠서 환전하기

여행자수표는 해외에서 현금 대신 사용할 수 있는 수표다. 여행자수표는 외화 현찰보다 낮은 환율이 적용되어, 결과적으로 현찰보다 저렴하게 살 수 있는 효과가 있다. 또 수표마다 고유번호가 있어서 잃어버려도 보상받을 수 있다. 환율 면에서는 이익이지만, 현금에 비해 사용하기 불편하다는 단점이 있으므로, 현찰과 여행자수표로 나누어 환전하는 것을 추천한다.

환전 High Level. 외화예금 이용하기

이 방법은 장기간 노력이 필요하며, 환율에 관심이 있는 경우 효과를 발휘한다. 우선 은행에 가서 외화통장을 만든다. 그리고 환율 변화를 살피며 환율이 낮을 때 외화통장에 차곡차곡 입금하고, 나중에 필요할 때 찾는 방법이다. 외화통장에서 외화로 찾을 때는 '현찰수수료'라는 별도의 비용이 발생하는 점을 주의해야 한다.

해외에서
신용카드를 사용한다면?

해외에서 신용카드를 사용하면 결제금액 외에 비자, 마스터 등에 지급하는 브랜드수수료와 국내 카드사 수수료가 추가로 발생한다. 또한 해외에서 신용카드를 사용한 당일 환율이 아니라 카드사에서 매입이 발생하는 날(보통 2~4영업일 소요)의 환율이 적용된다. 그러므로 카드 결제를 한 날보다 카드사에서 매입을 한 날의 환율이 높으면 생각한 것보다 더 많은 금액이 카드 대금으로 청구될 위험이 있다.

한편, 해외 가맹점에서 신용카드로 결제를 할 때는 원화가 아닌 현지통화로 결제하는 것이 유리하다. 원화로 결제하는 서비스인 DCC(Dynamic Currency Conversion)를 이용하면 환전 단계가 여러 차례 일어나면서 추가 수수료를 부담하기 때문이다.

원화로 결제할 때와 현지 통화로 결제할 때의 카드 사용 안내 메시지가 다르다. 아래 그림을 참고하여 현지 통화로 꼭 결제하길 바란다.

원화로 결제 시 SMS	현지 통화 결제 시 SMS
[Web발신] [대한카드] 승인 나*권님 04/03 11:35 KRW 160,000 (PH) JUNG'S	[Web발신] [대한카드] 승인 나*권님 04/03 11:35 EUR 100 (GR) JUNG'S

누구나 할 수 있는
달러 투자

환율을 예측하는 것은 신의 영역이라고들 한다. 그만큼 환율에 영향을 미치는 변수가 너무 많다는 뜻이다. 환율은 고정된 것이 아니라 하루에도 수없이 변하고, 주식시장처럼 일정 기간 상승장을 이루거나 하락추세를 나타내기도 한다.

언론에서 가장 많이 언급되는 '원달러환율'은 1달러 당 원화의 가격을 의미하는데, USD/KRW로 표시된다. 이때 USD(미국달러)가 기준통화가 되고 KRW(원)이 상대통화가 된다. 보통 원달러환율의 변동 방향에 따라 '환율이 상승했다', 혹은 '환율이 하락했다'고 표현한다.

- 1달러 = 1,000원 → 1달러 = 1,100원이 되었을 때

  환율 상승: 1달러를 사기 위해 더 많은 원화를 지불해야 한다. (원화 약세. 달러 보유자에게 유리)

- 1달러 = 1,000원 → 1달러 = 900원이 되었을 때

  환율 하락: 1달러를 사기 위해 더 적은 원화를 지불해도 된다. (원화 강세. 달러 보유자에게 불리)

달러를 보유하고 있을 경우 환율이 상승하면 더 많은 원화로 바꿀 수 있기 때문에 '환차익'을 볼 수 있다. 반대로 환율이 하락하면 달러 가치가 떨어져서 기존보다 적은 원화로 바꿀 수 있기 때문에 손해. 즉, '환차손'을 보게 된다.

달러통장에는
달러를 입금하나요?

환율 변동성이 심한 시기에 환차익을 목적으로 외화예금을 이용할 수 있다. 즉, 달러가 쌀 때 외화예금에 입금해 놓고 비쌀 때 팔아 차익을 보는 것이다.

외화예금에는 외화로만 입금하는 것으로 오해하는 분들이 있

는데, 원화의 경우에도 외화로 한 번 환전하는 절차를 거쳐서 외화예금에 입금할 수 있다.

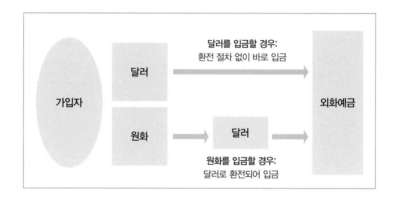

외화예금은 아무 제한 없이 수시로 입금과 출금을 할 수 있는 '외화입출금상품', 적금처럼 운용하는 '외화적금상품', 목돈을 한 꺼번에 입금하는 '외화정기예금'으로 구분된다.

외화적금상품과 외화정기예금은 환차익과 더불어 이자수익까지 기대할 수 있는 상품이며 일반적으로 원화상품보다 높은 이율이 적용된다. 또한 외화예금은 1인당 최고 5천만 원 한도 내에서 예금자보호대상에 포함된다. 참고로 외화예금에서 발생하는 이자에 대해서는 원화예금과 동일하게 15.4% 세금이 발생하지만, 환율이 올라 생기는 환차익에 대해서는 비과세 혜택을 누릴 수 있다.

환율변동에 따른 위험을 줄이는
'자동이체 서비스'

외화예금을 통해 환차익을 보기 위해서는 환율이 낮은 타이밍을 잡는 게 중요하다. 그런데 환율이 급변동하는 와중에 정확하게 낮은 시점을 잡기는 쉽지 않다. 이럴 때 은행에서 제공하는 자동이체 서비스로 환율변동에 따른 위험을 일부 줄일 수 있다.

'상·하한 환율 지정'이라는 자동이체 서비스는 고객이 지정한 상한 환율 이상으로 환율이 오를 경우에 자동이체가 일시 정지되고, 고객이 지정한 하한 환율 미만으로 환율이 하락할 경우에 미리 고객이 지정한 배수(1.5배, 2배 등)만큼 자동이체액이 증액되어 적립되는 서비스다. 자동이체 주기는 매월, 매주, 매일 등 원하는 대로 선택할 수 있다.

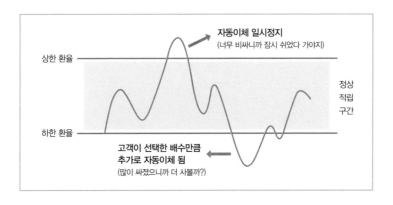

환전 모바일금고
서비스 이용하기

최근에는 외화예금계좌를 별도로 만들 필요 없이, '환전 모바일금고'를 이용하여 쉽게 외화를 적립할 수 있는 방법이 있다. 환전 모바일금고는 은행 어플리케이션을 이용하여 외화를 구입하고 모바일금고에 보관한 뒤 원할 때 찾아 쓸 수 있는 서비스다. 찾을 때는 본인이 원하는 은행 지점에서 외화로 받거나, 원화로 환전하여 원화계좌로 입금받을 수도 있다.

모바일금고 서비스는 은행을 방문할 필요가 없고, 지점에서 외화예금을 이용하는 것보다 더 높은 환율우대를 받을 수 있는 장점이 있다. 또 '예약 환전' 기능을 통해 원하는 환율을 지정하거나 최저 환율을 설정하면, 일일이 환율을 확인하지 않고도 원하는 시점에 자동으로 환전하는 것도 가능하다.

다만, 하루에 거래할 수 있는 총 한도 금액이 제한되어 있으니, 이 점은 사전에 확인해야 한다.

달러ELT로
분산 투자하기

앞서 '부자들이 사랑하는 E씨 형제들'에서 지수연계상품의 특징에 대해 살펴보았다. ELT는 기초가 되는 지수가 일정 조건 안에서 움직이거나 조건을 충족하면 고객은 투자 수익을 얻고, 반대로 조건을 충족하지 못할 때는 손실이 발생하는 상품이다. 기초가 되는 지수로는 NIKKEI225, HSCEI, EUROSTOXX50, S&P500 등이 많이 사용된다.

달러ELT는 이러한 ELT 상품의 일반적인 특징을 그대로 갖고 있다. 다만 가입할 때 원화가 아닌 달러로 가입하는 점이 다르다.

달러ELT는 달러를 보유하고 있는데 마땅한 투자처를 찾지 못한 고객들에게 적합한 상품이 될 수 있다. 또 장기간 해외여행을 준비할 때, 유학 자금을 마련할 때, 달러 투자로 자산 포트폴리오를 다양하게 구성하고자 할 때도 적합한 투자상품이 될 수 있다.

달러ELT의 조건이 충족되어 환매할 때, 가입 시점보다 환율이 오르면 ELT 상품에서 얻는 수익과 더불어 환차익까지 기대할 수 있다.

더 적극적인 투자를 원한다면
달러선물ETF

마지막으로, 달러선물지수를 기초지수로 하는 ETF(상장지수펀드)를 이용해서 달러에 투자할 수 있다. 달러선물ETF는 미국달러선물지수를 기초로 삼아 달러의 방향성에 투자하는 방식이다.

달러가 상승하면 ETF 가격도 따라서 상승하고, 하락할 때는 ETF 가격이 따라서 하락하는 구조를 갖고 있으며, 펀드와 달리 거래소 시장에서 환매수수료 없이 실시간으로 매매할 수 있는 장점이 있다. 또 외화예금이나 달러ELT와는 달리 별도로 달러를 사지 않아도 되며, 일반 펀드와 비교해서 낮은 거래비용으로 매매할 수 있다.

앞서 설명한 외화예금이나 달러ELT에 비해 달러선물ETF는 더 적극적으로 달러에 투자하려는 사람들에게 적합한 상품이다.

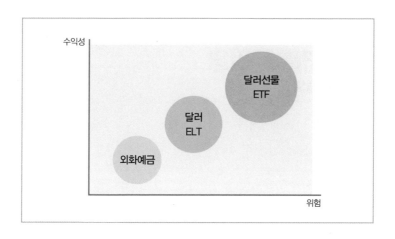

원달러환율은 코스피지수와 역의 상관관계를 나타내는 경향이 있다. 즉, 원달러환율이 상승할 때는 주가가 하락하고, 반대로 원달러환율이 하락할 때 주가는 상승추세에 있는 경우가 많다. 그러므로 기존에 국내 주식시장에 연동되는 투자상품에 가입한 사람이라면, 달러상품에 투자함으로써 투자 위험을 일부 분산할 수 있다.

환율은 외부 경제 환경에 따라 급변한다. 그러므로 달러에 투자할 때는 환율에 영향을 미치는 경제 흐름에 특별히 관심을 가져야 한다. 또 지나치게 확신에 찬 투자는 자제해야 한다. 처음 달러에 투자할 때는 앞서 설명한 자동매매서비스와 분할매수를 통해 단계적으로 달러를 매수하여 환율 변동 리스크를 줄일 수 있는 달러예금을 추천한다.

강제 저축 끝판왕
저축보험

주경 씨는 이번에도 적금 만기를 채우지 못하고 중도에 해지했다. 4개월 전, 적금에 가입할 때만 해도 만기까지 꼭 채워서 남들이 흔히 말하는 '종잣돈'을 한번 만들고 싶었다. 하지만 충동구매로 늘어난 카드결제대금을 충당하려면 적금을 해지하는 것 외에는 다른 방법이 없었다. 사실 그동안 스마트폰으로 적금 잔액을 확인할 때마다 괜히 부자가 된 것 같은 느낌에 돈을 더 쓰게 됐다. 차라리 적금통장에 입금한 금액을 만기 때까지 잊고 있었다면 신용카드를 쓰기 전에 더 신중하지 않았을까?

주경 씨처럼 적금 가입과 중도해지를 반복하는 사람에게 '저축보험'을 추천한다. 먼저 저축보험이 무엇인지부터 알아보자.

'저축보험'은 쉽게 '보험회사에서 만든 적금'이라고 보면 된다. 저축보험은 한꺼번에 목돈을 넣는 방법도 있지만, 매월 일정 금액을 납부하는 적립식이 더 대중적이다. 적립식 저축보험은 입금하는 기간을 2년, 3년, 5년, 10년 등으로 다양하게 지정할 수 있고, 만기 기간도 3년, 5년, 10년 등 개인 자금 사정에 맞춰 자유롭게 선택할 수 있다.

(예) 5년 납 10년 만기, 월 보험료 50만 원인 적립식 저축보험에 가입할 경우

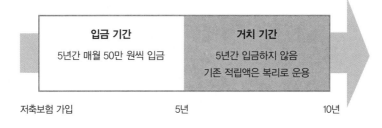

입금 기간	거치 기간
5년간 매월 50만 원씩 입금	5년간 입금하지 않음 기존 적립액은 복리로 운용

저축보험 가입   5년   10년

긴 시간 투자하는 대신
비과세와 복리 혜택을

저축보험은 적금에 비해 장기간 돈을 맡겨두어야 한다. 대신

일반 은행상품은 이자소득에 대해 15.4%(지방소득세 1.4%포함)의 이자소득세를 내는데 반해, 비과세 요건*을 충족하는 저축보험은 만기 시 해약할 때 세금을 내지 않아도 된다.

저축보험은 은행적금에 적용되는 이자율과 유사한 개념인 '공시이율'로 운용된다. 공시이율은 시중 은행의 정기예금 금리와 자산수익율, 국공채 및 회사채 이율 등을 감안하여 보험회사에서 결정하는데, 일반적으로 은행 예금 금리보다 약 1%~2% 정도 높다.

가입자가 저축보험에 보험료를 입금하면 보험료에서 사업비를 차감한 금액에 대해 공시이율이 적용되어 복리로 이자가 쌓인다. 은행적금은 처음 가입할 때 금리가 확정되고 만기까지 그대로 유지되지만, 보험회사의 공시이율은 가입 기간 중이라도 시장금리에 따라 변동된다. 그러므로 저축보험을 고를 때 다른 조건이 동일한 경우, 공시이율이 높은 상품을 택해야 한다.

저축보험은 공시이율과 더불어 '최저보증이율'을 추가로 적용하고 있다. 최저보증이율은 시장금리가 아무리 낮게 떨어져도 최소한 이 정도 금리는 주겠다고 보험사가 약속하는 이율이다. 금리하락기에 저축보험 상품이 갖는 큰 장점이 바로 이 최저보증이

---

* ①보험가입 기간이 10년 이상이고, 5년 이상 보험료를 납입했을 경우 ②매월 보험료 합계가 150만 원 이하인 경우 ③납입하는 기본보험료가 균등하고, 선납기간이 6개월 이내인 경우

율이다. 최저보증이율 역시 높을수록 가입자에게 유리하다.

저축보험에 가입할 때 받는 상품설계서에는 공시이율과 최저보증이율로 각각 적용했을 때 만기환급금이 나와 있다. 앞서 말했듯 공시이율은 고정된 것이 아니라 매월 바뀌므로, 최악의 경우 공시이율이 최저보증이율까지 하락할 수 있다고 생각해야 한다. 그러므로 2가지 경우의 만기환급금을 모두 꼼꼼히 확인한 뒤 가입 결정을 해야 한다.

꼭 짚고 넘어가야 할
저축보험의 단점

저축보험은 저축과 보험의 성격을 모두 갖고 있다. 그래도 둘 중에 더 가까운 하나를 고르라면 '보험' 쪽이다. 왜냐하면 저축보험은 가입자가 입금하는 금액(보험료)에서 사업비를 차감한 뒤 적립하기 때문이다. 은행적금은 입금액에서 어떠한 비용도 차감하지 않는다. 하지만 저축보험은 사업비 명목으로 계약체결비용, 계약관리비용, 위험보험료, 설계사수당(은행에서 가입할 경우 설계사수당은 없음) 등이 빠져나간다. 사업비는 보험사 상품마다 다르며 보통 납입보험료의 5%~15% 정도가 발생한다.

이 사업비로 인해 저축보험의 장점 중 하나인 복리효과가 적어지는 결과가 생긴다. 원금이 크고 가입 기간이 길수록 더 많은 복리 이자를 기대할 수 있는데, 가입자가 입금하는 보험료에서 사업비가 제해지면서 실제로 복리로 굴러가는 금액이 줄고, 동시에 만기 때 받는 환급금도 적어진다.

사업비를 완전히 없앨 수는 없다. 하지만, 설계사나 지점을 거치지 않고 온라인 전용 상품에 가입하면 오프라인 대비 낮은 사업비를 가진 상품으로 가입할 수 있다. 또한 추가납입 제도를 적극 이용하면 사업비를 절약할 수 있다. 보험 계약 시 매월 납부하기로 한 기본보험료에 대해서는 높은 사업비가 적용되지만, 추가로 납입하는 보험료에 대해서는 약 0%~5% 수준의 낮은 사업비를 차감한다. 일반적으로 보험료 추가납입은 월 납입액의 2배까지 할 수 있다. 추가납입을 위해 보험회사에 전화하여 입금 신청을 하거나 지점을 방문할 수도 있지만, 자동이체를 이용하면 더 편리하다. 기본보험료와 마찬가지로 추가납입금도 자동이체를 할 수 있다는 점, 기억하자.

또한 저축보험에 가입하고 만기가 되기 전에 중도해지할 경우 '원금 손실' 위험이 있다. 사업비를 공제한 저축보험이 원금에 도달하기까지는 약 4~6년 정도 걸리므로 그 사이에 해지하면 원금에 못 미치는 돈을 찾아가게 되는 것이다. 즉, 내가 내 돈 넣고 원금 되기만을 기다리는 어처구니없는 상황이 발생할 수 있다. 이럴 바에야 적금에 가입하고 매년 재예치하는 게 더 좋은 방법이라는 생각도 든다.

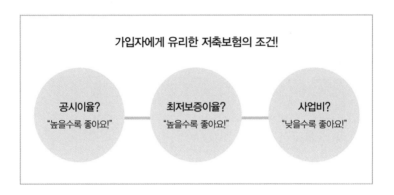

그러면 왜 저축보험을
추천하시는 거죠?

잠시 진정하고 저축보험의 성격에 대해 다시 생각해보자.

이 상품은 겉으로는 은행 적금의 모습을 하고 있지만 속은 100% 보험 상품이다. 그런데 '보험'이라기엔 뭔가 부족하다. 보험은 미래의 불확실성을 대비하는 것인데, 저축보험에 가입함으로써 보장받는 것은 보험료의 2배~5배 정도 수준의 사망보험금이 전부이므로 보험이라 부를 수 있을까 의심스럽다.

하지만 꼭 어디 아프고 다치는 것만이 위험은 아니다. 집을 사야 하는데 목돈이 없는 경우, 아이가 큰 세상을 경험해보고 싶다고 유학을 보내달라고 하는데 모아둔 돈이 없는 경우, 노후 자금이 없는 경우도 포괄적으로 보면 위험에 속한다. 이러한 위험을 긴 시간 동안 대비할 수 있는 상품이 저축보험이다.

세상에 나쁜 보험은 없다. 다만, 보험상품 특징을 제대로 이해하지 못하고 자신의 목적에 맞지 않는 보험을 가입했을 때 잘못된 보험이 되는 것이다.

'계란을 한 바구니에 담지 말라'는 재테크 격언은 다양한 상품으로 포트폴리오를 구성하여 위험을 분산하라는 의미이다. 상품이나 투자 지역을 다르게 투자하는 것도 방법이 될 수 있고 원화와 더불어 달러상품에 투자하여 통화 위험을 분산시킬 수도 있다. 또 일부 금액은 단기 상품으로 운용하여 현금을 확보하고, 동시에 저축보험과 같은 장기 상품에 함께 가입함으로써 효과적인 장 · 단기 포트폴리오를 구성할 수도 있다.

중도해지 시 원금 손실 가능성은 저축보험의 큰 약점이다. 하지만 거꾸로 생각해보면 저축보험을 만기까지 유지할 수 있는 가장 큰 동력이 될 수도 있다. 적은 금액이라도 '강제저축용'으로 저축 보험에 가입하는 것은 어떨까?

500원부터 가능한
금테크

24K, 18K, 14K. 듣기만 해도 설레는 금 얘기다. 그런데 금의 순도를 왜 K라고 부를까? K(캐럿)은 지중해 연안에서 자라는 캐럽 (Carob)열매에서 어원을 찾을 수 있다. 저울이 없던 시절, 캐럽 열매는 크기가 일정하여 금과 같은 보석의 중량을 재는 데 사용되었다. 성인의 한 손에 잡히는 캐럽의 개수가 24개 정도인 것에서 착안하여 순도 100%를 나타낼 때는 24K라 하고, 18K는 18÷24, 75%의 금 함유량을, 14K는 14÷24, 58%의 금 함유량을 의미하는 명칭으로 사용되고 있다.

금 투자의 장점

금은 예금, 펀드, 주식, 보험 등에 이은 대안 투자처로 지속적으로 각광을 받고 있다. 금은 전 세계 어느 나라에서나 통용되는 고유의 가치를 갖고 있으며 시간이 지나도 손상되거나 변질되지 않는 특징이 있기 때문이다.

정치적으로 불안하거나 전쟁 발발 위험 등이 높아질수록 금의 가치는 올라가며 물가상승으로 인해 화폐가치가 하락할 때를 대비할 수 있는 헷지(hedge)* 기능도 있다. 주식과 부동산은 경기가 좋지 않을 때 동반 하락하는 반면, 금은 경기변동과 상관관계가 적어 투자 자산의 포트폴리오를 다양화하는 데 필수다.

금의 가격은 언제 오르고,
언제 내리나요?

금의 가격은 주로 '금 자체의 수요와 공급', '달러화의 가치', '유가 변동'의 영향을 받으므로 금과 관련된 상품을 투자할 때는

---

* 시세 하락 등으로 일어나는 손실을 막기 위한 대책

이 세 가지 지표에 관심을 가져야 한다.

우선, 금의 수요가 증가하고 공급이 줄어들면 당연히 가격이 오른다. 금 수요의 절반 이상을 보석류 등 장식용이 차지하기 때문에 금 장신구의 수요가 높아지는 시기에는 금값이 오른다. 실제로 인도 사람들이 결혼식을 많이 올리는 1~6월에는 금 가격이 상승한다는 통계도 있다. 또 전 세계적으로 금에 투자하는 상품이 다양해지면서 금 수요가 급격히 늘어나기도 한다. 반면, 광산 폐쇄 등의 이유로 금 공급량은 꾸준히 감소하고 있다. 금은 달러와 달리 인위적으로 유통량을 늘릴 수 없는 '한정된' 자원이므로 공급 측면에서 금값은 장기적인 상승세를 보일 것이다.

현대 경제에서 금 가격에 가장 큰 영향을 미치는 것은 '달러화 가치'이다. 달러화 가치가 떨어질수록 금과 같은 실물 자산의 가격은 오른다. 미국에서 경제 위기에 대처하기 위해 또는 양적 완화의 일환으로 달러를 푼다는 뉴스가 나올 때면 여지없이 '금값이 올랐다.'는 이야기도 함께 나온다. 미국 경기 악화에 대한 뉴스가 많이 보이면 금 투자에 관심을 가져보자.

끝으로 중동 주요 산유국의 정세가 불안정하여 유가가 상승하면 금값이 상승할 가능성이 높다. 이는 안정적인 금에 투자하려는 수요가 증가하기 때문이다.

금값 상승 요인	금값 하락 요인
■ 금융시장의 불확실성 증가 ■ 달러 약세 ■ 저금리 기조 ■ 강한 인플레이션(물가상승) 우려 ■ 중앙은행, 개인, 기관 금 매수세 증가	■ 경기 성장세 지속, 위험 자산 선호 ■ 달러 강세 ■ 금리 인상 ■ 강한 디플레이션(물가하락) 우려 ■ 중앙은행, 개인, 기관 금 매도세 증가

은행에서 쉽게
금 투자 시작하기

은행에서는 '금 통장'을 이용해 손쉽게 금 투자를 할 수 있다. 금 통장은 신분증만 있으면 은행에서 가입할 수 있으며 인터넷이나 모바일로도 가입할 수 있다. 투자 최소 단위는 0.01그램(약 500원)으로, 큰돈이 아니어도 금에 투자할 수 있다는 장점이 있다.*

금 통장은 원화 통장과 마찬가지로 기간과 금액에 관계없이 자유롭게 입금과 출금을 할 수 있다. 처음 출시할 때는 원화로만 입금할 수 있었지만 최근에는 외화예금에 있는 달러로도 입금할 수 있다.

* 금의 단위는 1돈=3.75g, 1트로이온스(troy ounce)=31.1035g

금 통장을 만든 후 입금을 하면 g(gram)로 환산해서 통장에 최종 표시된다. 입금할 때와 비교하여 금값이 상승했을 때 출금하면 가격이 오른 만큼 이익을 가져가는 간단한 구조이다. 이때 이익에 대해서는 배당소득세 15.4%를 부담해야 한다. 반대로 금 시세가 하락하면 손해가 발생할 수 있으므로 원금 손실에 대한 주의가 필요하다. 인터넷뱅킹이나 스마트폰으로 거래하면, 수수료를 우대받을 수 있다.

금 통장에 g로 쌓인 금은 원화로 찾을 수도 있고, 일정 금액이 되었을 때 골드바 실물로도 인출할 수 있다. 골드바의 종류는 1kg, 100g, 10g 등이 있으며, 골드바로 인출할 때는 매수자가 부가가치세 10%를 별도로 부담해야 한다. 은행에서 구입한 골드바는 은행에 되팔 수도 있다.[*]

금 통장에 가입할 때는 거래 종류에 따라 적용되는 가격을 확실히 알고 투자해야 한다. 우선, 은행에서는 금 통장에 입금하거나 출금할 때, 그리고 골드바를 구매하거나 은행에 팔 때 기준 역할을 하는 '매매기준율'을 고시한다. 이렇게 고시되는 매매기준율에 일정 부분 수수료를 가산하여 최종 가격이 결정된다.

---

[*] 참고로 골드바를 매수할 경우, 약 5%의 수수료와 10%의 부가가치세를 부담해야 한다. 이런 면을 고려하면 단순 투자 목적으로 골드바 매매는 추천하지 않는다. 안전자산인 금을 소유함으로써 얻는 심리적 안정감은 별개지만 말이다.

금 관련 상품에 가입할 때 은행에서 제공하는 3가지 서비스를 이용하면 투자에 도움을 받을 수 있다.

1) **자동이체 서비스**: 주기적으로(매주, 매월, 매일 등) 일정 금액을 금 통장에 입금되게끔 사전에 등록하는 서비스.

2) **예약매매 서비스**: 사전에 목표 가격을 정한 뒤 도달 시 자동으로 매입하거나 매도되는 서비스.

3) **SMS 서비스**: 사전에 미리 정한 목표수익률 또는 위험수익률 도달 시 자동으로 문자 통지되는 서비스.

금에 간접 투자하는 법

은행에서 금에 투자할 수 있는 두 번째 방법으로 '주식형펀드'가 있다. 이 상품은 금과 연계된 금광업 회사의 주식에 주로 투자한다. 금 통장처럼 금을 직접 거래하는 것이 아니라 금과 관련된 기업에 간접투자를 하는 것으로, 금값이 오르면 금 관련 회사에 호재로 작용하여 주가가 오르고 수익이 발생하는 구조이다.

금광업 주식은 주로 캐나다, 미국, 남아프리카 등에 상장된 업체들로 구성된다. 금 관련 주식형펀드에 투자할 때는 금값뿐 아니라 금광업 주식시장의 흐름에 따라 수익률이 변동될 수 있다.

　마지막으로 골드선물을 추종하는 ETF를 이용해서 금 투자를 할 수 있다. 이 상품은 금값이 오르면 따라서 상승하고, 떨어지면 함께 하락하는 특징을 가진 골드 관련 ETF다. 주식시장에 상장된 상품이기에 금 통장이나 펀드와는 달리 실시간으로 원하는 가격에 매매가 가능하다는 장점이 있다.

　골드선물 ETF는 자체적으로 환율변화에 따른 위험헷지(환헷지)를 하고 있어서 환율 변동 위험을 최소화하고 있다. 금 계좌 거래 시 별도로 확인해야 했던 매매기준율이나 부가가치세도 고려할 필요 없고, 하락할 때 수익을 볼 수 있는 '인버스'나, 금값 상승 시 2배의 수익을 기대할 수 있는 '레버리지'상품도 있으므로 더욱 다양한 방법으로 금 투자를 할 수 있다. 다만 매매차익에 대해서는 여전히 배당소득세 15.4%를 내야 한다.

　은행에서 판매되는 골드바 실물을 가만히 보고 있으면 '영롱하다'는 감탄이 절로 나온다. 단지 겉모습을 보는 것만으로도 동서고금을 막론하고 수많은 사람들이 왜 금을 소유하려고 했는지 이해가 될 정도이다.

　고가의 골드바를 소유하는 것은 어려울 지 몰라도, 금 통장이나 펀드, ETF 상품을 이용하여 은행에서 효과적인 금 투자를 할 수 있다. 금 투자를 시작한다면 가격 변동성을 감안하여, 목돈을 한꺼번에 입금하기보다는 금값 추세를 살피면서 분산 매입하는 것이 좋다. 또한 차익에 대해서 배당소득세(15.4%)가 적용되므로 금융소득종합과세에 포함되는지 확인해보고 결정해야 한다.

금 투자는 금융시장의 불확실성이 높을 때 빛을 발한다. 기존에 보유하고 있는 주식이나 펀드, 부동산 등 주력 상품을 금 투자로 대체할 것이 아니라, 안전 자산인 금을 추가하여 투자 포트폴리오를 다양화하는 전략이 필요하다.

돈이 몰리는 부동산펀드

연예인들이 몇십억 원짜리 빌딩을 매수했다는 소식을 보며 부러움을 느끼는 직장인들이 많을 것이다. 불로소득인 월세가 주는 달콤함을 한번 누려보고 싶은 마음이 간절히 생기기 때문이다. 하지만 현실은 녹록치 않다. 우선 빌딩을 살 만한 돈이 없을뿐더러, 당장 큰돈이 생겨도 어디에 있는 어떤 부동산에 투자해야 큰 수익을 얻을 지 감이 오지 않는다.

이러한 한계를 극복할 수 있는 대안 상품이 '부동산 간접투자 상품'이다.

은행에서 부동산 투자를
할 수 있다고요?

부동산 투자는 크게 '직접투자'와 '간접투자'로 나뉜다.

'직접투자'는 개인이 투자할 부동산을 고르고, 직접 사용하거나 또는 임대료를 받으며 향후 매각할 때 시세차익을 노리는 것을 말한다. 일반적으로 우리가 알고 있는 '건물주'가 되는 방법이다. 이 방법은 부동산을 매수할 때 많은 자금이 필요하고 취득세, 소득세, 재산세 등의 세금 부담, 시설관리에 대한 부담이 있다.

반면 '간접투자'는 전문가에게 부동산 매입과 운용을 맡기고, 투자자는 '부동산펀드' 또는 '리츠(REITs)'에 투자해서 부동산에서 발생하는 수익을 받는다. 부동산 전문가의 노련한 자산운용을 기대할 수 있고 직접투자와 달리 소액으로도 부동산에 투자할 수 있는 장점이 있다.

금융시장에 대한 불안감이 커지면서 부동산펀드의 인기가 높아지고 있다. 일부 상품은 예약 단계에서 마감되는 경우도 있고, 판매 시작과 동시에 완판이 되기도 한다.

부동산펀드는 여러 투자자들의 자금을 모아서 전문가가 엄선한 부동산을 운용·관리하고 이로 인해 발생하는 수익금을 투자자에게 분배하는 간접투자상품이다. 기초자산이 되는 주식이 오르면 내 펀드가 따라서 오르는 주식형펀드처럼 부동산펀드도 기초자산인 부동산에서 발생하는 임대료가 많아지거나 매각 차익이 발생하면 수익이 발생한다. 투자 대상이 부동산으로 바뀐 것뿐 우리가 기존에 알고 있는 펀드 운영 원리와 크게 다르지 않다.

부동산펀드에 투자하면 별도로 임차인과 임대료 계약을 할 필요가 없고, 적은 돈으로도 수백억 원을 호가하는 우량 부동산에 투자할 수 있는 기회를 갖게 된다. 더불어 주식보다 변동성이 낮은 실물 부동산에 투자하므로 상대적으로 안정적인 수익을 기대할 수 있다. 부동산에서 발생하는 임대수익과 함께 투자 대상 부동산의 가치가 상승할 경우 차익을 덤으로 챙길 수도 있다.

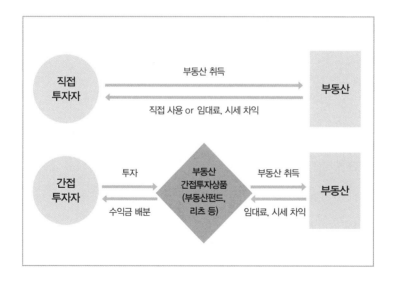

공모펀드와
사모펀드의 개념

부동산펀드는 자금을 모으는 방식에 따라 '공모펀드'와 '사모펀드'로 나뉜다.

공모펀드(Public Fund)는 다수의 일반투자자들의 자금을 공개적으로 모집하는 펀드다. 최소 가입금액이 1백만 원인 상품도 있어 일반투자자들이 비교적 수월하게 접근할 수 있다.

사모펀드(Private Fund)는 49인 이하로 구성된 특정 투자자의 자금을 모집한다. 소수의 투자자를 대상으로 하므로 개인별로 부담하는 투자금액이 크다.

그동안 부동산펀드 상당수가 국내 연기금, 공무원연금, 교직원공제회 등 기관투자자들을 대상으로 판매되는 사모펀드 형식으로 운영되어 왔다. 사모펀드는 공모펀드에 비해서 금융 당국의 인가를 더 쉽게 받을 수 있고, 자금 모집의 절차, 운용제도, 투자관리 등이 비교적 간결하기 때문이다. 하지만 국내 부동산 투자 기회가 좁아지고 부동산 간접투자에 대한 개인들의 관심이 높아짐에 따라 최근에는 적은 금액으로 투자할 수 있는 공모펀드상품이 잇달아 출시되고 있다.

부동산펀드의 종류

부동산펀드는 운용하는 형태에 따라 대출형, 임대형, 개발형, 경·공매형으로 구분되는데, 우리가 은행에서 쉽게 볼 수 있는 상품은 '대출형'과 '임대형'이다.

'대출형'은 아파트, 상가 등 부동산 개발회사에 필요한 자금을 대출 형식으로 빌려주고 이자를 받아 수익을 낸다. 개인이나 기관투자자로부터 모은 돈은 부동산 개발에 중요한 자금으로 쓰인다. 대출형 펀드는 분양 시장 침체로 부동산 공사가 중단되거나 분양 실적이 저조한 경우, 투자금 회수에 문제가 생길 수 있는 위험이 있다.

'임대형'은 부동산 펀드로 모은 자금으로 부동산을 직접 매입한 뒤, 임대수익과 시세차익을 수익으로 배분하는 구조이다. 투자 부동산의 공실률이 높아지면 수익률이 큰 폭으로 하락할 수 있으므로, 펀드에 가입하기 전에 해당 부동산의 입지에 대해 점검하는 것이 좋다. 또한 투자 부동산을 팔 때, 최초 구입가보다 높게 매각될 경우 펀드 투자자들에게 추가 이익이 배당되지만, 구입가보다 낮게 매각되면 투자자가 매각 손실을 그대로 떠안아야 한다는 단점이 있다.

해외부동산펀드에
관심이 집중되는 이유는?

고객들의 다양한 투자 니즈에 맞춰 국내뿐 아니라 해외부동산으로 투자 영토를 확대하는 펀드들이 속속 선보이고 있다. 미국 LA에 있는 오피스 빌딩, 일본 도쿄 한복판에 있는 오피스 빌딩, 워싱턴에 있는 NASA 본사 빌딩, 벨기에 소재 EU오피스 등에 투자하는 상품이 그 예이다.

이러한 해외부동산펀드는 투자하는 부동산을 직접 눈으로 확인하기 어렵다는 단점이 있다. 하지만 국내 주식형펀드상품이 마이너스 수익률을 유지할 때도 해외부동산펀드는 지속적으로 양호한 수준의 수익률을 내고 있는 점, 국내 부동산에 대한 정부의 지속적인 규제 등을 감안하면 분산 투자 관점에서 눈여겨 볼만한 상품이다.

해외부동산펀드에 투자할 때는 환율 변동 리스크를 꼭 확인해야 한다. 해외부동산펀드는 대부분 현지 통화로 거래와 배당이 이뤄지기 때문에 현지 통화가 약세일 경우 손해를 볼 수 있다. 환율 변동에 따른 위험을 피하기 위해서는 환헷지*가 되는 상품을

* 환율 변동에 대한 위험성을 없애는 투자 옵션

300

선택하여 변동성을 최소화할 수 있다. 환헷지를 하지 않는 환노
출형* 상품은 환율 변동이 심할 경우 펀드에서 발생한 수익보다
환율 하락으로 인한 손해 금액이 더 커져 결과적으로 수익이 마
이너스로 돌아설 수도 있다.

 BANKer TIP

브라질 부동산펀드의 악몽

A자산운용은 2012년에 브라질 상파울루 중심가에 위치한 건
물을 기초자산으로 하는 부동산펀드를 환헷지 없이 판매했다. 건
물 매입 당시만 해도 브라질은 2014년 월드컵과 2016년 올림픽
을 앞두고 있어서 부동산에 대한 수요가 풍부했다. 이를 반영하
듯 펀드는 판매 시작 한 달도 되지 않아 완판을 기록했다. 하지만
2012년 이후 브라질 화폐 가치가 절반 넘게 하락하면서 원화로
환산한 건물 가치가 반토막나고 말았다. A자산운용은 보수를 0%
로 줄이는 등 자구책을 마련했지만, 눈덩이처럼 불어난 투자자들
의 손실을 메우기에는 역부족으로 보인다.

---

* 환율 변동에 따라 자산가치가 하락하거나 상승하는 불확실성을 가진 상품

부동산펀드에 가입하기 전에
꼭 확인할 것들

펀드는 중도환매 가능 여부에 따라 '개방형펀드'와 '폐쇄형펀드'로 구분하는데, 개방형펀드는 정해진 기간 없이 언제든 가입과 해지가 자유로운 펀드를, 폐쇄형펀드는 수시로 환매(해지)가 불가하여 일정 기간이 지나야만 환매가 가능하거나 만기까지 의무적으로 가입을 유지해야 하는 펀드를 말한다. 안정적으로 자금을 운용하기 위해 부동산펀드는 대부분 3~7년간 중도에 환매할 수 없는 '폐쇄형'으로 만들어진다. 따라서 부동산펀드에 투자할 때는 중도환매 제한 기간을 꼭 확인해야 한다.

또 부동산펀드는 일반적인 주식형펀드보다 높은 수수료를 부과하고 있다. 가입할 때 부담하는 선취판매수수료에 매년 부담하는 자산운용매입보수, 펀드를 청산할 때 내는 자산운용매각보수 등이 추가되어 총보수가 3%를 훌쩍 넘기는 경우가 많다.

부동산펀드 홍보물이나 설명 자료를 보면 주식보다 낮은 위험으로 안정적인 수익을 낼 수 있는 중위험·중수익 상품임을 강조하고 있다. 틀린 설명은 아니지만, 주식보다 변동성이 적다는 것이 은행 예·적금처럼 원금을 보장하는 상품이라는 뜻은 절대 아니라는 점을 기억해야 한다.

투자 부동산의 공실률이 높아지거나 임대료 수준이 낮아질 경우 펀드의 수익성 악화로 곧장 연결되어 원금 손실로 이어질 수 있다. 시장 금리가 인상될 때도 자금 조달 비용이 증가되어 수익률에 악영향을 미친다. 또한 만기 때 부동산 매각이 지연되거나 매각 대금이 최초 매입 금액보다 낮은 경우에 발생하는 손실도 투자자가 고스란히 떠안아야 한다. 그러므로 투자를 결정하기 전에 부동산 물건에 대한 입지, 임차인의 정보 그리고 임차인의 임대 기간에 대해서는 신중하게 검토해야 한다.

리츠(REITs, Real Estate Investment Trusts)

리츠는 다수의 투자자로부터 자금을 모아서 부동산 또는 부동산 관련 유가증권에 투자하고, 그 수익을 투자자에게 돌려주는 부동산 간접투자다. 여러 사람의 자금을 모아 부동산에 투자한다는 점에서 부동산펀드와 유사한 구조를 갖고 있다.

리츠는 부동산펀드와 마찬가지로 모집 방식에 따라 '공모리츠'와 '사모리츠'로 나뉜다. 그동안 국내 리츠 시장은 기관투자자를 대상으로 하는 사모펀드 형태로 운영되어 일반인들이 투자하기 쉽지 않았다. 하지만 정부에서 상장 절차와 요건을 완화하고 있어 개인투자자의 리츠 투자 기회는 확대될 것으로 예상된다.

리츠에 투자하는 방법은 주식투자 하는 방식과 동일하다. 주식시장에 상장된 리츠 주식을 매매하거나, 새로 만드는 리츠에 대해 공모를 실시할 때 참여하면 된다.

현재 시장에 상장된 리츠는 다음과 같다.

번호	종목	회사명	상장일
1	에이리츠	(주)에이자기관리부동산투자회사	2011-07-14
2	케이탑리츠	(주)케이탑자기관리부동산투자회사	2012-01-31
3	모두투어리츠	(주)모두투어자기관리부동산투자회사	2016-09-22
4	이리츠코크렙	(주)이리츠코크렙기업구조조정부동산투자회사	2018-06-27
5	신한알파리츠	(주)신한알파위탁관리부동산투자회사	2018-08-08
6	롯데리츠	롯데위탁관리부동산투자회사(주)	2019-10-30
7	NH프라임리츠	(주)엔에이치프라임위탁관리부동산투자회사	2019-12-05

인버스와 레버리지에서
기회를 찾다

수형 씨는 요즘 돈 모으는 재미에 푹 빠져 있다. 비록 큰돈은 아니지만 장기 투자 목적으로 가입한 적립식펀드와 ETF에서 조금씩 수익이 날 때면 하루 종일 기분이 좋다. 하지만 최근 경기가 안 좋다는 뉴스가 종종 들리고 있어서 언제 환매를 할 지 고민 중이다.

평소 안면이 있는 은행 직원에게 상담을 해보니 이미 목표로 한 수익률에 도달한 상태라면 과감히 환매하는 것도 좋은 방법이 될 수 있다고 한다. 그리고 예상보다 시장 하락이 오래 지속될 때는 인버스 상품을 이용해서 하락장에도 수익을 낼 수 있는 방법도 안내받았다.

지수가 하락하면
수익이 생기는 '청개구리 펀드'

일반적인 펀드상품은 기초자산이 되는 지수가 상승하면 상승폭만큼 이익이 생기거나 반대로 지수가 하락하면 하락폭만큼 손실이 발생하는 구조로 되어 있다. 하지만 인버스(Inverse)펀드는 기초지수가 하락했을 때 오히려 수익이 발생하고, 반대로 기초지수가 상승하면 마이너스가 되도록 설계된 펀드이다. 일종의 '청개구리' 성격을 가진 펀드라 할 수 있다.

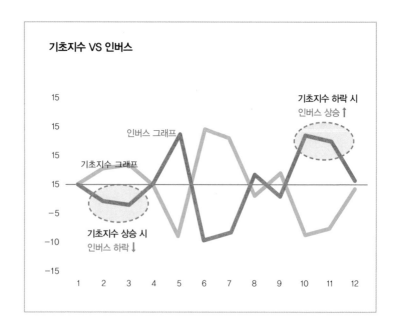

시장 하락으로 손실이 예상될 때 인버스펀드를 이용하면 기존 펀드의 손실을 방어하고 수익을 고정할 수 있다. 이렇게 헷지 수단으로 많이 활용되기에 증시가 급락할 때면 경제 신문이나 뉴스에서 '인버스펀드의 설정액이 급격히 증가했다.'는 소식을 볼 수 있다.

인버스펀드는 일간수익률의 −의 1배 수익률을 추구한다. 누적수익율이 아닌 매일매일 수익률의 −1배를 목표로 하므로, 기초지수변동 시 하락분보다 인버스펀드 수익률이 더 나오는 경우가 발생할 수도 있고, 기초지수 하락분만큼 수익이 따라가지 못할 수도 있다. 예를 통해 확인해보자.

먼저, 기초지수가 하락하는 경우이다.

구분	기초지수 등락률	일반펀드	인버스펀드
당일(T)	0%	100	100
T+1일	−10%	90	110
T+2일	−10%	81	121
T+3일	−10%	72.9	133.1
기간 수익률		−27.1%	33.1%

일반 펀드는 3일 동안 100에서 72.9로 줄어 −27.1% 수익률을 기록했다. 반면, 인버스 펀드는 27.1% 만큼 상승한 것이 아니

라 33.1%로, 6%p 추가 상승했다. 이렇게 인버스펀드는 지속적인 하락장에서는 시장 하락분보다 더 큰 수익을 기대할 수 있다.

다음은 기초지수가 상승과 하락을 반복하는 경우다.

구분	기초지수 등락률	일반펀드	인버스펀드
당일(T)	0%	100	100
T+1일	−10%	90	110
T+2일	+10%	99	90
T+3일	−10%	89.1	108.9
기간 수익률		−10.9%	8.9%

일반펀드는 3일 동안 100에서 89.1로 줄어 −10.9% 수익률을 기록했다. 반면 인버스펀드는 100에서 108.9로 8.9% 상승했다. 기초지수 하락분 10.9%보다 2%p만큼 못 미치게 상승한 것이다.

실제 시장에서는 지수의 당락이 끊임없이 반복되는 두 번째 예시의 사례가 더 많이 발생한다. 그러므로 기초지수가 하락할 때 인버스펀드도 손실이 발생하거나 하락분만큼 수익이 따라가지 못하는 경우가 비일비재하다. 이런 면에서 인버스펀드는 장기투자가 아닌 단기투자 수단으로 이용하는 것이 적절하다.

인버스펀드의 원리

여기서 한 가지 의문점이 생긴다. 지수가 상승할 때 해당 지수에 투자하는 펀드도 수익이 발생하는 것이 정상인데, 인버스펀드는 어떤 방식으로 운용을 하기에 지수가 하락할 때 상승할까? 선물(Futures)에 대한 개념을 이해하면 이러한 의문점을 해결할 수 있다.

선물(Futures)은 파생상품 중 하나로, 장래의 일정한 시점(결제일)에 일정량의 특정 상품을 미리 정해진 가격(선물가격)에 매매하기로 맺은 계약을 의미한다.

배추농사를 예로 들어보자. 농부는 사람들이 점점 김치를 먹지 않아서 배추에 대한 수요가 계속 줄어들 것으로 예상된다. 더구나 주변을 보니 모두 배추농사를 짓고 있어 조만간 공급이 넘쳐나 배추값이 하락할 것 같다. 가격 하락이 우려되는 이때, 농부가 김치 전문업체인 장진상회와 3개월 뒤 1만 원에 배추를 팔기로 계약을 하면 배추가격 하락에 대한 위험을 없앨 수 있다.

여기서 '1만 원에 팔기로 계약하는 것'을 '선물을 매도한다'고 한다. 3개월 뒤 배추가격이 9천 원으로 하락해도 농부에게는 여전히 1만 원에 팔 수 있는 권리가 있기 때문에 1천 원만큼 이익을 볼 수 있다.

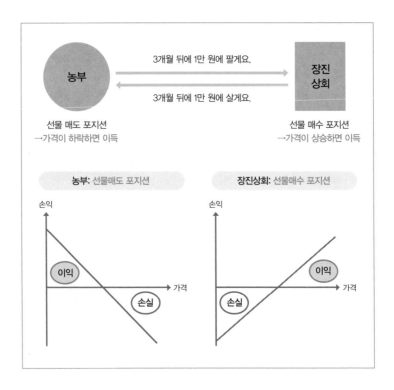

인버스펀드의 원리도 이와 같다. 기초지수에 대해 나중에 팔
수 있는 선물 계약을 해둠으로써 기초지수가 하락했을 때 그만큼
수익을 얻는 것이다.

이번에는 은행을 찾은 다른 고객의 이야기를 들어보자.

태림 씨는 전형적인 공격형 투자자다. 예금이자는 성에 차지 않아
자금 대부분을 주식에 투자하고 있다. 동료들은 인덱스펀드도 괜

찮다고 추천하지만 태림 씨는 지수변동 만큼만 수익률이 변동되는 인덱스펀드는 왠지 따분하게 느껴진다. .

더 높은 수익을 얻고 싶다면
레버리지펀드

태림 씨와 같이 공격적인 투자 성향을 갖고 있는 투자자들에게는 레버리지(leverage)펀드가 어울린다.

레버리지는 '지렛대'라는 뜻이다. 지렛대처럼 기초지수가 오른 것보다 더 많은 수익률을 낼 수 있도록 설계된 펀드가 레버리지펀드다. 기초지수가 1% 오르면 수익율은 2%로, 2배가 오르는 레버리지펀드가 가장 많이 판매되고 있다. 주의할 점은 기초지수가 -1%일 때 레버리지펀드는 -2%로 하락한다는 점이다. 이익이 2배인 만큼, 하락할 때 손실도 일반 펀드의 2배에 이른다.

앞서 살펴본 인버스펀드와 같이 레버리지펀드도 일주일, 한 달, 일 년과 같이 일정한 기간의 누적수익률이 아니라 매일매일 수익률의 2배수만큼 추적하는 것을 목표로 한다. 이러한 이유 때문에 수익률이 정확하게 기초자산의 2배가 되지 않는 경우가 발생한다.

이번에도 예를 통해 확인해보자. 먼저, 기초지수가 상승하는 경우다.

구분	기초지수 등락률	일반펀드	레버리지펀드
당일(T)	0%	100	100
T+1일	10%	110	120
T+2일	10%	121	144
T+3일	10%	133.1	172.8
기간 수익률		33.1%	72.8%

기초지수가 한 방향으로 상승할 경우 일반펀드 수익률은 33.1%이다. 그러나 레버리지펀드의 수익률은 33.1% × 2배 = 66.2%를 6.6%p만큼 초과하는 72.8%로 기초지수 상승률의 2배가 넘는 수익이 발생한다. 이러한 이유로 짧은 시간에 주가가 급등할 때면 레버리지펀드의 수요가 많아진다.

기초지수가 상승과 하락을 반복하는 경우도 보자.

구분	기초지수 등락률	일반펀드	인버스펀드
당일(T)	0%	100	100
T+1일	-10%	90	80

T+2일	+10%	99	96
T+3일	−10%	89.1	76.8
기간 수익률		−10.9%	−23.2%

일반 펀드는 3일 동안 100에서 89.1로 줄어들어 −10.9% 수익률을 기록하고 있다. 반면 레버리지펀드는 100에서 76.8로 23.2% 하락했다. 기초지수 하락분 10.9% × 2배= 21.8%보다 1.4%p만큼 더 하락한 것을 확인할 수 있다.

레버리지펀드에 투자하면 기간 수익률의 2배가 아닌, 일일 등락률의 2배에 해당하는 레버리지 효과를 볼 수 있다. 반면 상승과 하락이 반복되는 상황에는 기초지수가 하락하기 때문에 레버리지펀드는 2배가 넘게 하락할 수 있다. 심지어 기초지수가 하락하기 전 수준으로 회복되더라도 여전히 레버리지펀드는 손해를 보는 상태이다.

이런 특성을 감안하면 인버스펀드와 마찬가지로 레버리지펀드도 장기투자로 접근하는 것은 적합하지 않다. 변동성을 감안해 목표 수익률을 설정하고, 단기 투자상품으로 활용하는 것이 바람직하며, 일시에 목돈을 넣기보다 지수가 빠질 때 조금씩 투자금을 넣는 '분할 매수' 전략을 취해야 한다.

연말정산,
누구냐 넌?

연말정산. 1년에 한 번씩 돌아오는 연례행사이지만 참 번거롭고 귀찮다. 어차피 내가 낸 세금을 돌려받자는 건데, 뭐 이리 챙길 서류가 많은지. 머리가 지끈거린다. 심지어 세금을 더 추징당하기라도 한다면, 생각만 해도 끔찍하다.

하지만 올해도, 내년에도 연말정산은 여지없이 돌아온다. 이번 기회에 연말정산의 의미를 재정리하고 은행상품을 이용해 더 많은 돈을 돌려받을 수 있는 방법을 모색해보자.

연말정산 흐름 한눈에 보기

2020년 종합소득세율		
과세표준	세 율	누진 공제액
1,200만 원 이하	6%	없음
1,200만 원 초과 ～ 4,600만 원 이하	15%	108만 원
4,600만 원 초과 ～ 8,800만 원 이하	24%	522만 원
8,800만 원 초과 ～ 1.5억 원 이하	35%	1천 490만 원
1.5억 원 초과 ～ 3억 원 이하	38%	1천 940만 원
3억 원 초과 ～ 5억 원 이하	40%	2천 540만 원
5억 원 초과	42%	3천 540만 원

※ 세율 적용 방법: 과세표준 × 세율 −누진 공제액

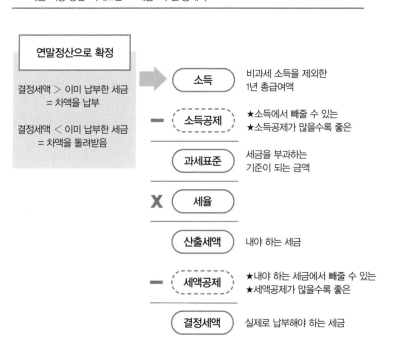

연말정산으로 확정

결정세액 > 이미 납부한 세금
= 차액을 납부

결정세액 < 이미 납부한 세금
= 차액을 돌려받음

소득 ─ 비과세 소득을 제외한 1년 총급여액

−

소득공제 ─ ★소득에서 빼줄 수 있는
★소득공제가 많을수록 좋은

과세표준 ─ 세금을 부과하는 기준이 되는 금액

X

세율

산출세액 ─ 내야 하는 세금

−

세액공제 ─ ★내야 하는 세금에서 빼줄 수 있는
★세액공제가 많을수록 좋은

결정세액 ─ 실제로 납부해야 하는 세금

귀찮고 번거로운 연말정산,
대체 왜 하는 거죠?

소득이 있는 곳에 세금이 있다. 그러므로 월급을 받는 근로소득자라면 근로소득에 대해 세금을 내야 한다. 전국의 수많은 근로자가 매월 월급을 받고 세무서에 세금을 납부한다면, 내는 사람이나 받는 사람이나 여간 힘든 일이 아닐 것이다. 그래서 회사가 근로자를 대신해서 근로소득세를 일괄적으로 납부하는 역할을 한다. (이때, 회사를 '원천징수의무자'라 한다.)

매월 회사에서 월급을 지급할 때 근로자 대신 세금을 계산한 뒤 이 금액을 차감한(원천징수) 다음 월급통장에 입금해준다. 회사는 미리 정해진 세액표(근로소득 간이세액표)에 따라 근로소득세를 징수하는데, 이렇게 회사가 대신 계산해서 낸 세금이 내가 내야 할 금액보다 많은지 혹은 적은지, 1년에 한 번 날을 정해서 확인하고 계산해보는 절차가 바로 연말정산이다.

내가 이미 낸 세금이 내야 할 금액보다 많은 경우에는 다시 돌려받으므로 연말정산을 '13월의 보너스'라고 한다. 반대로 연말정산을 해본 결과, 내야할 세금이 오히려 더 많은 경우에는 '13월의 악몽'이 될 수 있다.

은행에서 판매하는 상품 중 소득공제 혜택이 있는 상품(소득을 적게 해서, 내야 할 세액을 줄여주는 상품), 세액공제 혜택이 있는 상품(세액을 적게 해서, 내야 할 세액을 줄여주는 상품)을 잘 활용하면 13월의 보너스를 극대화할 수 있다.

 BANKer TIP

맞벌이 부부를 위한 연말정산 TIP

① 종합소득세율은 과세표준이 높을수록(소득이 높을수록) 적용되는 세율이 점점 더 높아진다.(최소 6% → 최대 42%) 그러므로 소득공제는 과세표준이 많은 사람이 받는 것이 유리하다.

② 의료비 공제는 부부 중 한쪽으로 몰아서 공제받을 수 있고, 총급여*의 3%를 넘어야 공제 대상이므로 가급적 소득이 낮은 사람이 적용받는 것이 유리하다.

③ 연금저축상품(개인형 IRP 포함)은 세액공제율이 총급여 5천 500만 원을 초과할 때는 13.2%이지만 총급여 5천 500만 원 이하는 16.5%로, 3.3%p를 더 받을 수 있다. 그러므로 연금저축은 소득이 적은 사람에게 입금하는 것이 좋다.

* 고용계약에 의해 근로로 제공하는 각종 대가를 '근로소득'이라고 하며, 근로소득에서 비과세근로소득을 차감하면 총급여가 된다. 비과세근로소득에는 실비변상 정도의 일직료, 월 20만 원 이내의 자가운전보조금, 월 10만 원 이내의 식대 등이 있다.

은행에서 소득공제 상품 찾기

소득공제에 도움이 되는 은행상품은 '주택청약종합저축'과 '노란우산공제'가 있다.

먼저 주택청약종합저축으로 소득공제를 받기 위해서는 총급여가 7천만 원 이하이고 근로소득이 있는 근로자로서 세법에서 정하는 무주택세대주여야 한다.

주택청약종합저축을 가입한 은행에 '무주택서약서'를 작성한 경우에만 소득공제를 받을 수 있다. 그러므로 소득공제 대상에 해당될 경우 잊지 말고 상품을 가입한 은행에 무주택서약서를 제출해야 한다. 주택청약종합저축에 입금하는 금액을 모두 소득에서 차감하는 것이 아니며, 매년 입금액 240만 원 한도 내에서 40%까지만 공제 대상이다.

예) **총급여 4천만 원인 근로자가 주택청약종합저축에 올해 300만 원을 입금한 경우**
연간 입금 한도가 240만 원이므로, 소득공제대상은
300만 원 × 40% = 120만 원이 아니라, 240만 원 × 40% = 96만 원이다.

주택청약종합저축은 가입 후 5년 이내에 해지하거나 전용면적 85㎡를 초과하는 주택에 당첨된 경우에는 연말정산 시 환급

받은 금액이 추징되므로 주의해야 한다.

노란우산공제는 사업자등록증이 있는 소기업·소상공인에 해당하는 개인사업자 또는 법인의 대표자가 가입할 수 있는 적립식 상품으로, 일반 근로소득자는 가입할 수 없는 상품이다.

노란우산공제에 가입할 경우 매년 최대 500만 원 한도 내에서 소득공제를 받을 수 있다. 이때 소득공제 한도는 사업소득금액(법인대표인 경우 근로소득)에 따라 차등(200만 원~500만 원) 적용된다.*

세액공제를 받을 수 있는 상품

세액공제는 과세표준에서 세액을 곱해 산출된 '산출세액'에서 곧바로 차감하는 절세 효과가 있다. 세액공제를 받을 수 있는 은행상품은 '연금저축'과 '개인형 IRP'다.

연금저축은 운용 방법에 따라 연금저축신탁, 연금저축보험, 연금저축펀드가 있다. 은행에서 판매되었던 연금저축신탁은 2018년부터 판매 중지되어 현재는 연금저축보험, 연금저축펀드만 가입이 가능하다. 이 중 연금저축보험은 연금보험과 명칭이

---

* 기타 자세한 사항은 노란우산공제 홈페이지(www.8899.or.kr) 참조.

비슷하지만 성격이 다른 상품이므로 주의해야 한다. 다음 표로 확인해보자.

구분	연금보험	연금저축보험
특징	세제 비적격(세액공제 혜택이 없는) 상품 10년 이내 해지 시 15.4% 이자소득세 10년 이상 유지 시 비과세	세제 적격(세액공제 혜택이 있는) 상품
세액 공제	해당 없음	최대 400만 원
연금 개시 나이	45세 이상	55세 이상

참고 2020년부터 일정 조건 충족 시 세액공제 한도가 확대된다.
– 연금저축은 가입자 연령이 50세 이상이고, 금융소득 종합과세 대상이 아닌 사람 중
총급여 1억 2천만 원 이하(근로소득만 있는 경우), 종합소득 1억 원 이하 시
최대 600만 원으로 세액공제 한도 확대. IRP를 포함하면 900만 원으로 세액공제 한도 확대.

연금저축보험은 원금이 보장되고, 예금자보호대상이다. 이 상품은 보험회사에서 발표하는 공시이율로 운용되며, 은행과 보험회사를 통해 가입할 수 있다. 이에 반해 연금저축펀드는 펀드 투자를 통해 고수익을 추구하는 실적배당 상품이다. 은행 및 증권회사에서 판매하며 연금저축보험에 비해 공격적으로 운용하는 특징이 있다. 연금저축에 입금한 금액은 연간 400만 원 한도 내에서 소득에 따라 16.5% 또는 13.2%까지 세액공제를 받을 수 있다. 다만, 총급여가 1억 2천만 원을 초과하는 고소득자는 세액공제 한도가 400만 원에서 300만 원으로 줄어든다.

구분	세액공제율	세액공제 대상 연간 납입금액
총급여 5천 500만 원 초과 (종합소득 4천만 원 초과)	13.2%	400만 원 (총급여 1억 2천만 원, 종합소득 1억 원 초과 시 300만 원)
총급여 5천 500만 원 이하 (종합소득 4천만 원 이하)	16.5%	400만 원

세액공제를 받을 수 있는 연간 납입금액이 400만 원이고, 400만 원을 12개월로 나누면 약 34만 원이므로 매월 34만 원을 입금하면 연금저축을 이용해서 최대의 세액공제 효과를 볼 수 있다.

예) **총급여 4천만 원인 근로자가 연금저축상품에 매월 34만 원을 입금한 경우**

1. 총급여가 5천 500만 원 이하이므로 세액공제율은 16.5% 적용된다.
2. 연간 납입금액은 34만 원 × 12월 = 408만 원이고,
   이 중 세액공제 대상 연간 납입금액 한도 400만 원까지 공제 대상이 된다.
3. 절세금액 = 400만 원 × 16.5% = 66만 원을 세액공제로 돌려받는다.

세액공제 혜택을 볼 수 있는 개인형 IRP는 연금저축상품과 매우 유사한 구조를 갖고 있다. 우선 소득에 따른 세액공제 대상을 살펴보자.

구분	세액공제율	세액공제 대상 연간 납입금액
총급여 5천 500만 원 이하 (종합소득 4천만 원 이하)	16.5%	700만 원
총급여 5천 500만 원 초과 (종합소득 4천만 원 초과)	13.2%	700만 원

IRP 상품으로 세액공제를 받을 수 있는 금액은 소득에 관계없이 연간 최대 납입금액 700만 원이다. 연간 700만 원까지 IRP 단독으로 가입해도 되고, 연금저축과 한도를 공유할 수도 있다.

IRP를 중도해지할 때는 세액공제를 받은 금액과 운용수익에 대하여 16.5% 기타소득세를 내야 한다.

다만 기존에 납입한 금액에 대하여 세액공제를 받지 않았다는 '연금보험료 등 소득 세액공제 확인서'를 제출하거나, 소득세법에서 정한 부득이한 사유(천재지변, 사망 등)에 해당될 때는 기타 소득세가 적용되지 않는다.(연금저축도 동일)

> 예) **총급여 4천만 원인 근로자가 IRP에 매월 50만 원을 적립식으로 입금한 경우**
>
> 1. 총급여가 5천 500만 원 이하이므로 세액공제율은 16.5% 적용된다.
> 2. 연간 납입금액은 50만 원 × 12월 = 600만 원.
> 세액공제한도 700만 원 이하이므로 전액 세액공제 대상이 된다.
> 3. 절세금액 = 600만 원 × 16.5% = 99만 원을 연말정산 때 세액공제로 돌려받는다.

소득공제 또는 세액공제를 위한 상품을 가입할 때는 중도해지 시 페널티 성격의 추가 비용이 발생할 수 있다는 것을 꼭 염두에 두어야 한다. 그러므로 지속적으로 매월 납부할 여력이 되는지 충분히 고민한 뒤에 상품에 가입하자.

직장인을 위한 연말정산 절세상품 총 정리

총급여액 4천만 원인 재영 씨가 주택청약저축에 월 20만 원, 연금저축펀드에 월 20만 원, IRP에 월 20만 원씩 납부했을 때 연말정산 절세 효과는?

- 주택청약저축: 240만 원 × 40% × 16.5% = 15만 8천 400원
- 연금저축펀드: 240만 원 × 16.5% = 39만 6천 원
- IRP: 240만 원 × 16.5% = 39만 6천 원
→ 총 95만 400원을 연말정산 때 돌려받을 수 있다!

> 참고 10만 원 소득공제 혜택 vs. 10만 원 세액공제 혜택. 둘 중 어느 쪽이 절세에 좋을까? 10만 원의 소득을 줄여주어 그에 따른 세금을 절약할 수 있는 소득공제보다, 내야 하는 세금 중 10만 원을 바로 줄여주는 세액공제가 더 큰 절세 효과가 있다.

절세상품은 하루라도 빨리 가입하는 것이 좋다. 지금껏 그래 왔듯 세금혜택을 주는 은행상품은 앞으로 한도가 계속 줄거나 가입 자격이 강화될 것이기 때문이다. 연말정산 때마다 세금을 더 내왔던 사람이라면 가까운 은행에 방문해서 나에게 맞는 절세상품을 찾아보자.

우리 아이
경제교육 첫걸음

투자의 귀재라 불리는 워렌버핏은 "어린 시절 아버지가 만들어주신 20달러 통장이 오늘날 내가 부를 쌓을 수 있었던 원동력이었다."라고 말한다. 세계경제공황 이후 어려운 상황이었지만 워렌버핏의 아버지는 아들의 미래를 준비하는 마음으로 20달러어치 주식을 사서 통장을 만든 뒤 생일선물로 주었다. 20달러는 5년 뒤 120달러로 불어나 있었고, 이 돈은 워렌버핏의 투자 종잣돈이 되어 그를 세계적인 투자자로 성장하게 했다.

아이와 함께
은행 방문하기

다시 우리 이야기로 돌아오자. 돈은 무조건 아껴 쓰라고 말로만 하고 있지는 않은가? 돈은 몰라도 되니 학교 공부나 열심히 하라고 말하고 있지 않은가? 그렇다면 아이 이름으로 통장부터 만들어보자. 아이와 함께 은행에 가서 아이 이름으로 통장을 만들면, 아이에게 은행과 친해질 수 있는 기회, 저축하는 습관을 들일 수 있는 기회, 자기 돈에 대한 책임감을 키울 수 있는 기회, 돈에 대한 중요성을 느낄 수 있는 기회를 모두 줄 수 있다.

이러한 효과를 배가시키기 위해 아이와 함께 은행에 가서, 통장에 직접 입금이나 출금을 하는 경험을 하면 더 좋다. 통장을 읽는 법을 알려주면서 저축의 의미를 알려주고, 돈을 스스로 책임지고 관리할 수 있는 기회를 주는 것이다.

아이 이름으로 통장을 만들기 위해서는 부모 중 한 명만 은행에 가도 된다. 앞서 살펴본 것과 같이, 은행에 방문하는 부 또는 모 신분증, 가족관계증명서, 기본증명서(아이 기준, 3개월 이내 발급분, 주민등록번호 마스킹이 해제된 서류), 도장(아이 혹은 부모의 도장)을 가져가면 통장을 만들 수 있다.

어린이 적금으로
돈 모으는 재미 알려주기

아이가 본인의 통장에 관심을 갖고, 어느 정도 저축 습관을 길렀다면 적금과 펀드로 가입 상품을 확대해보자. 시중 은행에서는 다양한 어린이 전용 상품들을 판매하고 있는데, 그 중 3대 은행 어린이 적금의 특징을 비교해보자.

1. 신한은행 '신한 아이행복 적금'

가입대상이 만 0세 이상 만 5세 이하로, 영유아 대상이며 계약 기간은 1년이다. 계약 기간 만료 시 원금과 이자는 자동 재예치되고, 자동 재예치는 12개월 단위로 최대 4번까지 가능하다. 신규 가입 시 1만 원 상당의 금융 바우처를 제공하며, 최소 가입금액은 1천 원, 월 최대 20만 원까지 입금할 수 있다.

자유적립식이므로 매월 일정한 금액을 자동이체하는 것과 불규칙하게 입금하는 것 모두 가능하다. 특별한 날(새해, 설날, 어린이날, 추석 등) 이후 5영업일 이내에 입금하는 건에 대해서는 우대금리를 적용하고 있으므로, 해당 기간에 아이와 함께 은행에 가서 추가 입금을 하면 더 높은 이자를 받을 수 있다.

2. 국민은행 'KB Young Youth 적금'

가입대상은 만 19세 미만 실명의 개인으로, 가입 기간이 1년(재예치 가능) 상품이다. 신규할 때 1만 원 이상 입금이 필요하며 매월 3백만 원 이하로 자유롭게 입금할 수 있다. DB손해보험㈜의 자녀안심보험가입서비스를 무료로 가입해주는 특징이 있다. 자녀의 출생과 입학, 졸업 시기에 맞춰 나이가 만 0세, 7세, 13세, 15세, 19세일 때 연 0.5% 포인트 우대금리를 적용하고 있다. 가입대상 연령대가 비교적 넓으며 보험 혜택 및 높은 우대금리가 장점이다.

3. 하나은행 '아이 꿈하나 적금'

가입대상은 만 18세 이하의 개인으로, 가입 기간 1년이며 19세가 될 때까지 자동 재예치할 수 있다. 가입금액은 1천 원 이상 150만 원 이하이며 분기별 최대 입금 한도는 150만 원이다. 만 14세 이전에 등록한 희망 대학에 실제로 합격하면 연 2.0% 포인트 우대금리를 주는 특징이 있다.

세 상품 모두 가입 전 청약통장을 신규하거나 보유하고 있으면 우대금리를 적용하고 있다. 청약통장은 가입 도중에 다른 은행으로 옮길 수 없고, 중도인출이 불가능하며, 한 번 가입하면 청약 당첨 때까지 유지하는 특징이 있다. 은행 입장에서 청약통장은 미래 잠재 고객을 확보할 수 있는 좋은 기회이므로 어린이 전용 적금 가입 시 공통적으로 우대금리를 적용하는 것이다.

경제를 자연스럽게 배울 수 있는 '어린이펀드'

우리 아이를 위한 마지막 은행상품 퍼즐이라고 할 수 있는 '어린이펀드'까지 알아보자. 금융 전문가들은 중고등학교 및 대학교 학자금이나 자녀의 결혼자금을 마련하기 위한 수단으로 '어린이펀드'를 많이 추천한다. 어린이펀드라는 타이틀을 갖고 운용하는 펀드가 일반펀드와 비교해서 운영방식에 큰 차이가 있는 것은 아니므로, 일반펀드에 가입해 본 경험이 있다면 쉽게 상품의 구조를 이해할 수 있다.

은행에서는 어린이펀드에 가입하는 고객들을 위해 아이들이 이해할 수 있도록 쉽게 쓴 펀드 리포트 제공, 어린이 교육기관과 업무제휴를 통해 어린이 경제교육 제공, 어린이 전용 경제사이트 운영, 해외연수 또는 경제캠프 참여 기회 부여 등 다양한 부가서비스를 제공하고 있어서 서비스를 잘 비교하고 가입하면 몇 배의 효과를 얻을 수 있다.

아이가 자신의 이름으로 펀드 투자를 하면 자연스럽게 수익과 손실이 어떤 경우에 발생하는지 관심을 갖고, 투자 개념도 기를 수 있다. 또 경제 현상 전반에도 관심을 기울이는 기회가 된다. 자녀의 경제교육에 적극적인 부모라면 적금 가입금액을 쪼개어 일부 금액은 펀드에 가입하길 권한다.

체크카드 사용으로
소비 습관 길러주기

끝으로, 아이가 만 12세 이상인 경우 체크카드 사용을 적극 권한다. 체크카드는 통장 잔액 범위 안에서만 돈을 쓸 수 있기에, 자연스럽게 지출 계획을 세우고 올바른 소비 습관을 가지게 된다. 매월 카드 사용내역서가 나오면 지출처와 지출금액을 다시 한 번 확인하면서 한 달의 소비 생활을 반성하고, 절약할 수 있는 계기를 만들어줄 수 있다.

또한 자녀가 사용한 체크카드 사용액은 연말정산 시 '신용카드 등 사용금액에 대한 소득공제'에 포함되어 절세 효과도 얻을 수 있다.

학교 공부는 물론 중요하다. 하지만 아이가 성인이 되어 올바른 경제관념을 갖기 위해서는 어릴 때부터 차근차근 경제교육을 받는 것이 중요하다. 자녀에게 백날 아껴쓰라고 말로만 하지 말고 은행상품을 통해 경제와 금융을 직접 체험할 수 있는 기회를 만들어 주자. 어린 시절에 밴 습관이 평생을 좌우한다.

 BANKer TIP

아이에게 펀드를 증여하면 증여세는?

미성년 자녀 이름으로 가입한 펀드 계좌에 납입한 자금에 대해서는 10년간 원금 2천만 원까지 세금 없이 증여할 수 있다.

적립식펀드는 처음 납입한 날(최초 불입일)을 기준으로 평가한 금액을 자녀에게 증여한 것으로 본다. 이 경우, 앞으로 입금될 자금도 현재가치로 할인(연 3%)해서 증여 재산가액을 계산한다. 이렇게 증여세 신고를 하고 나면, 나중에 펀드 평가액이 상승한 경우에도 추가로 세금을 납부하지 않아도 되는 장점이 있다.

사회초년생을 위한
돈이 되는 은행 사용법

처음 월급을 받고 스스로 돈 관리를 시작하는 나이가 대부분 20대이다. 20대에 돈 관리를 어떻게 시작하느냐에 따라, 그리고 금융습관을 어떻게 들이느냐에 따라 중년과 노년의 경제 생활이 달라질 수 있다.

올바른 금융습관을 기르고 싶다면 우리와 가장 가까운 금융기관인 은행과 좀 더 친해지기를 권한다. 은행에서는 목돈을 마련할 수 있는 적금, 종자돈을 운용할 수 있는 예금상품부터 펀드나 ELT, ETF 등 투자상품까지, 다양한 금융상품에 대해 상담하고, 가입도 할 수 있다.

은행에서 판매하는 여러 금융상품들을 비교하여 본인 성향에 맞는 상품을 선별하고, 하나씩 투자하는 상품을 늘려나가는 것이 행복한 미래를 위한 첫걸음이 될 수 있다. 하지만 여전히 은행에 가서 번호표를 못 찾아 한참 두리번거리거나, 왠지 모르게 쑥스러워 빨리 볼일만 보고 도망치듯 나오는 고객들이 많다. 창구에 있다 보면 은행 직원의 설명에 영혼 없이 고개만 끄덕이는 분들도 꽤 자주 만난다.

아직 은행 업무에 익숙지 않은 20대 분들에게 도움이 될 만한 은행 사용법을 정리해보았다.

은행 창구 이해하기

은행은 일반적으로 입금 또는 출금, 제신고 업무를 하는 빠른 창구, 대출이나 예금, 펀드 상담을 위한 상담창구, 개인사업자 업무처리를 위한 개인사업자 창구, VIP 고객을 위한 창구 등으로 구분된다. 법인거래는 별도 지점으로 운영되는 경우가 많다.

은행에 갔을 때 자신에게 필요한 업무를 취급하는 창구로 가면 그만큼 기다리는 시간을 줄일 수 있다.

은행원을 불신하지 말고
적극 활용하기

일부 재테크 책에 '은행원이 권하는 상품을 의심하고, 무조건 거절하라.'고 적혀 있는 것을 보고 회의감을 느꼈던 적이 있다. 팔이 안으로 굽는다는 비난은 피할 수 없겠지만, 많은 은행원들이 고객에게 적합한 상품을 추천하기 위해 주말을 반납하고 직무연수를 받거나 금융관련 자격증 취득에 매진하고 있다. 또한 본인이 판매한 상품은 시간이 지나도 기록이 남기 때문에 은행원들은 책임감을 갖고 고객에게 상품을 권유한다.

어둠컴컴한 밤거리를 혼자 걷는 상상을 해보자. 불과 몇 미터 앞에서 내가 모르는 사람이 걸어온다면 남녀를 불문하고 불안한 마음이 들 것이다. 은행에서 판매하는 수많은 금융상품도 마찬가지다. 내가 상품에 대해 잘 알지 못하면 가입하면서도 불안한 마음이 들고, 가입한 뒤에도 찜찜함이 남을 것이다.

금융상품의 구조는 날로 복잡해지고 있다. 그래서 가입 자체보다 중요한 것이 금융상품을 정확히 이해하는 것이다. 특히 최근에 은행에서 판매하는 상품 중에는 원금보장이 되지 않는 투자상품이 많으므로, 자신의 투자 성향에 맞는 상품인지 아닌지 본인 스스로 알아가는 과정이 꼭 필요하다. 자료를 찾아 읽어봐도 잘 이해할 수 없을 때는 은행원의 도움을 받자. 가입 여부는 상담을 통해 상품을 완벽히 이해한 뒤에 결정해도 늦지 않다.

단기 적금에 꼭 가입해보기

20대 초반에 자신의 돈으로 적금에 가입하면 여러 가지 장점이 있다. 돈 모으는 재미를 느낄 수 있고, 당연한 것이지만 만기 시 원금과 더불어 이자도 받을 수 있다는 것을 몸소 체험할 수 있다. 또 국가에서 세금을 얼마나 떼는지도 구체적으로 알 수 있으며, 장기 저축 상품에 가입할 경우에는 책에서만 본 복리의 효과를 눈으로 볼 수 있다. 돈을 모으는 습관이 길러져 힘들여 번 월급을 쉽게 쓰지 않게 된다는 장점도 있다.

안타깝게도 20대 고객 중에는 만기까지 적금을 유지하지 못하고 중도해지하는 경우가 많다. 이를 방지하기 위해 처음 적금을 가입할 때는 만기가 긴 상품보다는 1년이 넘지 않는 단기 상품으로 가입하기를 추천한다. 물론 적금 가입 기간이 짧아질수록 이자율이 떨어지는 단점은 있다. 하지만, 일단은 단기 상품을 통해 만기의 기쁨을 누려보면서 적금과 친해지자.

적금에 가입할 때는 '1년에 500만 원 도전', '해외여행' 등 목표를 분명히 하자. 이러한 목표는 통장 겉면에 적어, 만기까지 적금을 유지할 수 있는 강력한 동기로 삼으면 좋다. 좀 촌스러워보일지 몰라도 직접 쓴 목표와 차곡차곡 쌓이는 적금 내역을 볼 때면, 팍팍한 현실에서 작은 위로가 될 것이다.

투자상품에 소액 가입해보기

적금을 통해 돈 모으기 워밍업을 했다면, 펀드나 ETF 등 투자 상품으로 가입 대상을 확대할 수 있다. 원금 손실이 날 수 있는 투자상품은 책이나 인터넷 재테크카페의 인기 글로는 완벽하게 이해하기 어렵다. 우선 소액으로 직접 가입해서 어떠한 구조로 수익이 발생하고 손실이 나는지 경험해보고, 상품이 자신의 투자 성향과 맞는지 확인해 볼 것을 권한다.

자동이체를 적극 활용하기

자동이체는 매월 정해진 날짜에 일정한 금액이 이체되게끔 설정하는 것이다. 재테크에 능숙하고 자기절제가 강한 사람이라면 꼭 필요하지 않을 수도 있지만, 이제 막 금융거래를 시작하는 사람이라면 적극적으로 이용할 만하다. 특히, 월급날 당일에 적금을 포함한 은행 적립식상품의 자동이체를 설정해 놓는 것을 추천한다. 월급통장에 잔액이 머무는 기간을 아예 없애서 돈을 쓰고 싶은 유혹을 원천 차단하는 효과가 있다.

신용관리의 첫걸음

20대에 잘못된 소비패턴으로 연체를 하거나 제2금융권 대출을 빈번히 받는다면 향후 정상적인 신용등급으로 회복하는 데 훨씬 더 많은 시간이 필요하다. 최소한 제1금융권과 제2금융권에 대한 구분은 할 수 있어야 하며, 단지 쓰기 편하다는 이유로 현금서비스나 카드론을 받는 일은 없어야 할 것이다.

목돈을 만들 때, 돈을 불리고 싶을 때, 전세금을 구할 때, 차를 살 때, 집을 살 때, 사업자금이 필요할 때, 노후자금을 준비할 때 등 인생의 주요 순간마다 은행이 필요하다. 회사나 집 가까이에 은행 지점이 하나쯤은 있을 것이다. 나와 상관없는 곳이라고 생각하지 말고, 일단 방문해보자. 당장 가입하지 않아도 요즘 잘나

가는 상품이 무엇인지 문의도 해보고, 상품 안내장도 하나씩 가져와 읽어보자. 그렇게 은행과 조금씩 친해져보자.

BANKer TIP

자유적금을 이용하여 푼돈을 목돈으로 만드는 2가지 방법

1. 캘린더 적금

매일 보는 달력을 응용해서 직관적으로 적금을 하는 방식이다. 1일에는 1,000원, 2일에는 2,000원, 3일에는 3,000원. 31일에는 31,000원과 같이 매일 1,000원씩 금액을 늘려가는 적금 방식이다. 한 달을 모으면 대략 50만 원이 된다. 1년이 되면 약 600만 원으로 제법 큰돈을 모을 수 있다. 달력을 보면 얼마를 입금해야 하는지 단순히 계산할 수 있고 자연스럽게 지출을 통제할 수 있으므로 꾸준히 돈을 모을 수 있는 좋은 방법이다.

일	월	화	수	목	금	토
						1 1000원
2 2000원	3 3000원	4 4000원	5 5000원	6 6000원		

2. 작심삼일 적금

　연 초에 야심차게 세운 계획이 사흘이 지나기도 전에 시들어 버리는 경우가 많은데, 이를 반대로 응용해서 삼일만이라도 제대로 적금을 하는 방식이다. 예를 들면 일주일 중 월요일에 10,000원, 화요일에 20,000원, 수요일에 30,000원을 입금하고 나머지 요일에는 쉬었다가 다음 주 월요일이 왔을 때 다시 10,000원, 20,000원, 30,000원 입금하는 것을 반복하는 방식이다.

일	월	화	수	목	금	토
				✖ 1	✖ 2	✖ 3
✖ 4	5 10,000원	6 20,000원	7 30,000원	✖ 8	✖ 9	✖ 10
✖ 11	12 10,000원	13 20,000원	14 30,000원	✖ 15	✖ 16	✖ 17
✖ 18	19 10,000원	20 20,000원	21 30,000원	✖ 22	✖ 23	✖ 24
✖ 25	26 10,000원	27 20,000원	28 30,000원	✖ 29	✖ 30	

당신은 은행에서 더 많은 서비스를 받을 권리가 있다

휴대전화 바탕화면에 메일 도착 알림이 울린다. 늘상 오는 광고겠거니 생각하며 무심하게 화면을 보다가 눈을 크게 떴다.

"응? 출간 제의? 나에게?"

미심쩍은 마음이 지배적이다. 아내에게 "출판사에서 책 내자고 메일이 왔는데."라고 말하니 "에이, 잘못 온 거겠지."라며 짧고 간결하게 상황을 정리해준다.

하지만 분명히 내가 운영하는 브런치를 보고 연락을 했다고 적혀 있고, 출판사명과 담당자 이름, 전화번호까지 있는 걸 보면 왠지 모를 기대감을 감출 수 없었다.

아니다. 냉정해지자. 은행에서 수많은 고객들의 보이스피싱 사연을 들으며 얼마나 안타까워했나. 사기꾼들은 대법원, 금융감독원을 교묘하게 사칭하고, 가짜 홈페이지까지 개설해 피해자를 현혹하지 않나! 하지만 메일 마지막 부분에 '회신을 주면 기획안을 보내겠다'는 말에 시선이 멈춘다.

'그래, 메일로 회신하는 건 괜찮잖아.'라는 생각으로 결국 회신을 보낸다.

바로 다음날 기획안과 더불어 자세한 사항은 만나서 얘기하자는 내용이 담긴 답변이 왔다. '이거 봐라. 이렇게 빨리 답변을. 진짜인가?' 불안감은 조금씩 사라지고 있었다. 하지만 막상 만나면, 책을 만들 때 선수금이 필요하니 지금 당장 계좌로 입금하라고 본색을 드러내는 건 아닌지. 의심스런 생각은 말끔히 가시지 않는다.

모든 것은 기우였다. 담당자는 돈을 요구하지 않았다. '여태껏 진정으로 재테크 초보를 위한 내용이 담긴 책이 없었다.'라며 출간 필요성을 강조하고 있었다. 돈에 대해 전혀 모르는 이들에게 필요한 건 화려한 언변으로 자기 자랑을 늘어놓는 전문가가 아닌, 쉬운 말로 차근차근 알려줄 수 있는 실무자라는 말에 이미 나의 마음은 열리기 시작했다.

은행은 영업을 담당하고 있는 지점과 전략, 마케팅, 기획 등 은행의 전반적인 방향을 설정하는 본점으로 나뉜다. 나는 은행에 입사한 후 처음 8년 동안 지점에서 근무했고, 본점으로 이동해서 5년 동안 기획업무를 맡았다. 문제는 5년이 지나 본점에서 지점으로 발령받았을 때다. 예전에 비해 상품은 너무나도 다양해졌고, 전산시스템도 획기적으로 업데이트되어 쉽게 적응하지 못했다. 더 큰 문제는 그동안 본점에서 해왔던 업무와 확연히 다르다 보니 고객들을 대할 때 자신감이 생기지 않는 것이었다.

이렇게 지낼 수 없었다. 당장 출퇴근 시간을 이용해서 상품설명서와 내부규정을 수차례 반복해서 읽었다. 시간이 어느 정도 지나니 예전 감각이 살아나며 조금씩 여유가 생기기 시작했다. 하지만 고객용 상품설명서와 은행 메뉴얼 중간중간 나오는 금융용어, 은행에서만 쓰는 고유한 단어, 영문 약자는 은행원인 내가 봐도 의미를 바로 이해하기 어려웠다. 나름 오랜 시간 은행에 근무하고 있는 직원도 생소하게 느껴지는데 일반 고객들은 이런 말을 쉽게 이해할 수 있을까라는 의구심이 들 정도였다. 이렇게 어려운 용어 때문에 많은 고객들이 은행 업무는 지루하고 어렵기만 한 것으로 치부해 버리는 게 아닌가 싶었다.

그렇다고 정해진 은행 영업시간이 있는데 고객 한 분 한 분 붙잡고 처음부터 끝까지 모든 것을 설명해줄 수도 없는 게 현실이다. 이러한 아쉬움을 조금이나마 덜고 싶은 마음에 이 책을 썼다. 전문적이고 어려운 단어로 훈계하는 듯한 기존의 금융재테크 책을 벗어나고자 최대한 노력했다. 말초신경을 자극할 만한 무용담도 없고 1억 원을 단박에 2억 원으로 만드는 특급비법을 소개하지는 않지만, 살면서 평생 알아야 할 기초적인 금융 지식은 꼼꼼히 담았다.

이 책을 읽고 은행상품에 대해 잘 이해하고 나면, 다른 금융기관에서 거래할 때도 스스로 판단해서 투자를 결정할 수 있는 능력이 생길 것이다. 부디 이 책을 통해 많은 분들이 은행을 더 적극적으로 이용했으면 한다.

마지막으로 글 쓰는 아빠가 멋지다고 말하는 착한 아들 건이와 소중한 딸 지원이, 당신이 최고라고 늘 위로해주는 배우자 현정님. 그리고 항상 든든한 기둥이 되어주신 부모님과 가족들에게 고맙고 사랑한다는 말을 전한다.